拒絕當乖孩子的勇氣

克服罪惡感，
擺脫父母的干涉、束縛與攻擊

「苦しい親子関係」
から抜け出す方法

人氣諮商心理師・暢銷作家
石原加受子 著　黃筱涵 譯

前言

愈來愈多人與父母間的關係，深陷「煎熬、痛苦、撐不下去、火大、怨恨」這類負面情緒中，傾訴著「父母的存在本身就是痛苦的根源」。

帶著如此親子問題來找我諮詢的人中，不少人都已經陷入無法挽回的境地。有些人一開始諮詢的主題就是親子問題，有些人最初談的是與職場主管、同事相處不來的問題，但是隨著諮詢的深入，最後大多會導出「處於痛苦的親子關係中」這個結論。

還有人困擾著與自己兒女相處問題，追根究柢也會發現，在解決自己的親子問題之前，自己與「父母」之間的相處就存在問題了。

親子問題就像這樣，會橫跨祖孫三代，彷彿是種遺傳一般。

這樣的親子關係在現今又更加嚴重。

元凶是我們身處的社會狀況。

前面雖然談到「愈來愈多人認為父母的存在本身就是痛苦來源」，但是更精準一點來說，這些痛苦原本就存在，只是痛苦隨著社會變化加劇，苦得讓人不得不揚聲傾訴，苦到浮上檯面罷了。

我曾於二〇一四年出版過一本書《重新審視母女的「辛苦關係」》（日本學研 Publishing），**但是現在卻深刻感受到狀況已經比當時更嚴重**。

本書將進一步挖掘，感受到親子關係痛苦時，心理的運作機制，並著眼於關係結構，解析親子的言行模式與社會背景。

此外也會**介紹溝通方式等具體的方法，幫助各位從這段苦悶的關係中解脫**。

或許會有人思考，既然親子問題是受到社會環境惡化影響，是不是就沒救了呢？

但是這其實是種誤解。

因為**正確理解親子問題的全貌是非常重要的**。

尤其是對於反抗父母感到自責的「乖孩子」，若能讓他們知道**「這不是自己的錯」**，將會是莫大的救贖。

與此同時，也能夠幫助責怪父母的孩子，理解父母身處的社會環境與教育環境，或許就能夠萌生出同理心，察覺到**「錯的不是只有父母」**。

如此一來，或許在某個關鍵時刻來臨時，雙方會願意伸手重新牽起親子間的羈絆。

我說這是誤解的另一個原因，則是因為如同社會會對個人造成影響，個人也能夠影響社會。**只要改變自己的言行模式，從結果來看是能夠切斷負面連鎖效應的**。

親子關係亦同，尤其是母女之間的爭執，更是容易根深蒂固。

不僅會使關係彆扭，不少案例甚至造成了女兒的飲食障礙或憂鬱等嚴重症狀。

因此本書的介紹會以母女互動為主軸，但是提及的思維與具體方法男女皆適用。

由衷希望本書能夠成為好的開端，幫助各位鼓起勇氣，拒絕當「乖孩子」，並克服罪惡感，擺脫父母的干涉、束縛與攻擊，甚至進一步對整體人際關係造成正面影響。

石原加受子

目錄

第2章 父母傷害孩子的真正理由

第3章 拒絕當「乖孩子」的勇氣

第4章 發現自己的「言行模式」

第5章

珍視自己更勝於父母的方法

第6章 改變立場，心態也會跟著改變

第7章

表現自我的練習

第1章

親子關係痛苦的根源

1

所有問題的根源都來自親子關係

人生的原型就是自己的家庭關係

日常生活中的各種問題與煩惱，其實都源自於親子關係或是家庭關係。究竟有多少人能夠注意到這個事實呢？

我的意思並非問題源自於「特殊親子關係」，這裡要談的是在「普通」生活中以「理所當然」的方式互動的「日常親子關係」。

我們都將在家庭學到的言行舉止視為理所當然，甚至誤以為整個社會都是如此。但其實這代表我們無法判斷這些言行舉止是「僅自己家裡適用？還是整個社會都適用？」

早期社會的家庭，有較多與其他家庭比較的機會，例如：城鎮舉辦的儀式或活動等、擴及全家人的交際、左鄰右舍間的往來等，這時就能注意到自己家庭與其他家庭的不同，或是隱約察覺到氣氛不對。

但是現在這種交際場合變少了，別說懷念了，現代人對這種往來還有嫌煩的傾向。不管怎麼說，這都讓人缺乏機會發現自己家庭與其他家庭的差異，使自己的家庭關係成為唯一的範本。

言行會形成特定模式並固定

接著就很容易發生下列情況。

在高中、職校、大學等還是學生的時候，家庭關係對自己造成的影響，不會構成什麼大問題，但是出社會之後，卻不知為何做什麼都不順利。原本通用的一切都變得行不通了。

其實不是學生時代沒有造成問題，單純是出社會之後自身的問題會被放大檢視而已。

即使頻繁發生類似的問題，也只有極少數人能夠自己察覺：**原因在於自己從家庭中學到的「言行模式」，以及每日反覆進行而深植在體內、根深蒂固的「思考模式」**。

在家裡學到的各種「技能」，適用於自己的家裡。就算家人間吵架、互相傷害，畢竟是家人，所以幾天後又能夠「若無其事」地繼續生活。

大多數的人都「普通」地生活著，「普通」地度過每一天。

三百六十五天、年復一年地重複這樣的「普通」，就等於是每天在訓練自己的言行舉止，使這樣的言行舉止在自己體內根深蒂固。

這樣的言行舉止一旦固定，就很難注意到，就算注意到了，要是不知道改正的方法就無法應對。長年在家中反覆訓練而成的言行舉止，無論是好是壞，都會因此成為自己人生的基礎，決定人生的方向。

2
言行模式是造成痛苦的元凶

家人間同樣有思維與價值觀的差異

若從構造來看待人類，每個人都擁有相同的構造，因此看待他人時，總會忍不住以為對方的想法和自己相同，所以會用自己的主觀去解讀他人，也認為對方的行為會一如自己的預測。

但是不管是其他家庭還是自己的家庭，信奉的圭臬都會隨著時代變動。

舉例來說，近年的家庭已不是「男主外女主內」，而必須靠夫妻雙薪維持生活，就算不是雙薪家庭，父母親中若有一方沒在工作，在家的話語權也會比較小。基於這類理由，不少家庭都從小孩出生就送到托嬰中心等機構。即使有心探究如此家庭形式或剛出生便托育是否真的適合，也被生活追趕得無暇停下腳步思考，只能緊緊跟隨世道變化，隨波逐流地生活著。

就算不舉這麼廣泛的例子，同一個家庭內，祖父母、父母與孩子三代間，也會面臨環境與價值觀等的差異。**各世代身處的社會環境、教育環境，以及從中培養出的價值觀差異，已經劇烈到無法以「家庭」一詞概括了。**因此世代間會產生代溝也是理所當然的。

「對方是錯誤的」是錯誤的想法

但是**父母往往不會顧慮這些世代間的差異，一味地從自己的角度出發，認為「自己才是正確的」**。畢竟以父母成長至今的社會環境與家庭環境為基準，父母當然是正確的。確實，如果是以自己經歷過的事物為基準，孩子的言行舉止在父母眼中當然是錯誤的。

進而衍生出的**最可怕模式，就是「孩子必須遵從父母」的意識結構**吧？父母在這樣的思維下成長，當然也會這麼要求孩子，若是又發現「孩子做錯了」，就更加希望孩子遵從自己了。

然而，孩子有孩子自己的環境，因此會從自己的角度認為「我才是正確的」。身處的社會環境與父母截然不同的孩子眼裡，會覺得父母的主張才是錯誤的。

這時雙方都想捍衛自己的價值觀，會發生爭執也是顯而易見的。

有些孩子，在面對這類問題時，會認為「父母是錯的」，但也有孩子懷疑自己「我是不是錯了呢」。

畢竟大部分的情況下，就算氣呼呼地覺得是父母錯了，但是卻無法斷定「百分之百都是父母的錯」，孩子往往會在質疑「自己錯了」的同時，又想為自己說話：「我真的錯了嗎？」於是思緒便在兩者之間掙扎。

坦白說，這種**「對方有錯」與「自己有錯」的思維都是有問題的**。

所謂的親子問題，並非父母犯錯了或是父母有問題所引起的，當然也不是孩子犯錯或有問題所引起的。

不如該說，**雙方都覺得「是對方的錯」這種想法**，正是強化不睦、使爭執更劇烈的原因。但是這裡說的「雙方都有錯」，不代表親子各自的主張有誤。

老實說，**父母不知不覺間從「上一代」身上學到的言行模式，和孩子從「父母」身上學到的相同**，而這正是造成親子關係不斷惡化的元凶。

和父母間的關係正是自己的人生「原型」

有時父母眼裡的「教導」，從孩子的角度來看單純是「虐待」，但是這種「教導」方式對以前的人來說，卻是極其自然的事情。

更何況直到現代仍有不少人認同體罰，甚至認為是必要的。所以會以懲罰之名，將幼童關進倉庫、壁櫥等狹窄空間內，或是趕出去不讓孩子進家門。但是這些行為根本不能稱為「教導」吧？

我也不推薦無視孩子，或是語氣很重地逼迫孩子照做。但是現代人卻常採

「對方錯了（自己錯了）」的
思維造成苦悶

⇩

問題根源在於親子雙方都使用
相同的惡劣言行模式

取這種「精神方面的支配」，單方面要求孩子「要乖」。

另外也有人會「恩威並施」，以孩子無法察覺的形式巧妙掌控，因為這其實是一種「洗腦」。

不管是哪一種方法，都是「為了讓孩子遵從父母」，實在難以稱為教育。畢竟還有更正面的方法，不必這麼做也能夠讓孩子理解。

我們的心靈比自以為的還要強韌，同時卻也極其敏感。尤其是童年經歷過的事情，對孩子來說，當時的心靈受到多大的衝擊，在心裡的烙印就愈深。

就算是對父母來說沒什麼大不了的事情，在父母眼中的嚴重程度卻與孩子眼中看見的有極大差異。對於缺乏人生經驗的孩子來說，每一次實際體驗與感受到的震撼事件，都可能會對自己的人生「原型」造成影響。

3 何謂親子間的「關係成癮」

支配關係同時也是互相依存的關係

建立在「孩子必須遵從父母」上的親子關係，就可以稱為**「支配關係」**。

但是這其實也是種**互相依存的「關係成癮」**。

一般談到「支配關係」就會聯想到上對下的關係，或是想像成「支配者」

與「受支配者」。

但是從精神層面來看，其實雙方都依存著對方。

只要想像看看就能明白了吧？

將「獨立」一詞拆解，就是獨自站立。

「支配關係」中的支配者與受支配者，都無法「獨自站立」，他們獨自一人就會倒下。互相依存，與互相扶持的互助是不一樣的。

也就是說，「支配關係」其實是一種「雙方面的關係成癮」。絕對不是支配者較強、受支配者較弱這樣的關係。支配者雖然看起來處於強勢，但是實際上要是受支配者不在，支配者就會陷入什麼也辦不到的境界。不只是受支配者需要支配者，支配者同樣少了對方就無法存在。

舉例來說，雖然親子都主張「自己才是對的」，實際上卻又不是打從心底認為「自己是對的」。

許多孩子與父母都是這麼要求對方的：

親子少了對方就什麼都辦不到
＝關係成癮

變得無法以自我為中心
思考、行動

「我希望你體諒我，理解我的意思。」

「希望你能夠考慮、認同我的期望。」

不管是哪一方，都是以強制、高壓、逼迫、威嚇、懇求的方式，要求對方理解、同意、許可屬於自己的做法。

但是**如果真的打從心底相信「自己是正確的」，還需要對方的「認同」嗎？還會認為「必須讓對方理解或許可才行」嗎？**

這就好像在說「不管怎麼樣都得等到父母認同A是正確的，我才可以主張A」一樣。

若孩子主張「A是正確的」，就算父母不認同孩子的主張，只要孩子堅持「我就是要選A」，並直接執行就可以了吧？

當然，問題就在於孩子沒辦法擺出這麼強硬的態度，他們在內心認為自己必須當「乖孩子」，若反抗父母，還會產生罪惡感、恐懼、焦慮等感受，但是理論上其實有很多事情不需要父母的同意或許可。

「以他人為中心」的言行模式

在如此親子關係中學會的言行模式中，最具特徵性的就是**「以他人為中心」**，而相對的言行模式就是**「以自我為中心」**。這是我從諮商經驗中彙整出來的理論，稱為「自我中心心理學」。

兩者的決定性差異如字面所述，**即生活是以自我為中心？還是以他人為中心？**

若「以自我為中心」，**判斷事情、做選擇、行動時會以自己的心情、需求與想法為基準，會盡力貼近自己的心靈、不對自己撒謊、不背叛自己，並滿足自己。**

像這樣以自己的心靈為基準，從各方面來看會延續到「認同自己」、「自己的自由」與「信任自己」。

「以自我為中心」並不等於自私，而是**很重視自己身心的「感受」**，因為「感受到的事物」會成為「重視自己的資訊」。

另一方面，「以他人為中心」，**會習慣依賴他人、外界資訊、媒體的話來做判斷，將其視為行動的基準。然而這些資訊卻不只是一般常識、習慣、規範、規則或規矩，還包括不合自己意的傳統、家風。這樣的人會無視自己內心的感受，選擇配合、適應這些外界事物。**

也就是說，**相較於自己的內心的感受，他們更重視「思考或知識」。他們的利弊判斷與勝負意識，都源自於「以他人為中心」。**

「以自我為中心」很常被誤解為「自私」，認為這是為了自己的欲望或願望，去強調自己的主張。但是「自私」中其實帶有「以他人為中心」，而非「以自我為中心」。

為了自己方便、自己的需求或願望，產生「傷害別人也無妨，巧取豪奪也無妨，用權勢逼人、威脅甚至是強迫都無妨」這類支配式的想法，正是「以他人為中心」當中最惡質的一面。

「我認同自己，也認同對方」是以自我為中心的基本思維。因為這麼做，不必與以他人為中心者爭論，也能夠在珍視自己之餘，與他人和睦相處。

「我是為你好」是母女爭執的元凶

以他人為中心者的典型問題，就是會以「**我是為你好，我是為了你去做，我是為了你著想**」的想法去看待事物。

這樣的念頭放到親子關係中又變得更加堅不可摧。

尤其在母女關係中，這種「我是為你好」更可以說是爭執的元凶。

日常生活中將「我是為你好」掛在嘴邊，代表已經陷入典型的以他人為中心模式。這種狀態，與其說是忽視自己的心靈，更像是沒注意到自己心情、情感與需求。

這就是扎根於世間父母意識深處的**「忍耐意識」**。

舉例來說，母親帶著「為了」丈夫或兒女的心態行動，會變成眼裡看見的不是自己，只看見對方。

所以帶著「為了對方」的心態行動時，母親並未注意到自己的心靈狀態。

「我身為妻子、身為母親必須去做。」

或許母親內心其實「不想做」，但卻強迫自己忍耐，勉為其難地行動。

既然是在忍耐，勢必會有所不滿。

如果行動時抱持著「我想做」的正面情緒，那麼「自己的需求」就會化為動機，完成後會感到滿足。

「哎呀，完成了的感覺真好。」

但是若是憑著義務感或責任感行動，就會產生不滿。

「雖然我不想做，但是身為母親，我必須為了家人這麼做。」

帶著「我是為你好，我是為了你去做」這種想法行動，完成後只會感到不滿而已。

不滿會令人想朝著對方宣洩情緒。

而且這種時候對方其實認為「妳為我這麼做，令我感到困擾」的案例並不少見。**雖然困擾但是「不想傷害母親」，所以就忍耐著「讓母親繼續為我這麼做」**。

也就是說，**「為了孩子去做的父母」與「接受好意的孩子」其實都在忍耐**。

而這份忍耐會發展成爭執。

當然，爭執同樣無法讓心情舒暢。

相反地還會讓對方更加堅持，進一步強化「關係成癮」的狀態。

雙方都在忍耐

接受好意的孩子
（以他人為中心）

為了孩子去做的父母
（以他人為中心）

忍耐久了會化為不滿，
進而將不滿的矛頭指向對方，
引發爭執。

4 人生「以他人為中心」的母親

母親的忍耐會化為不平與不滿

「以自我為中心」和「以他人為中心」的溝通方式有根本上的差異。

以自我為中心的人，是以自己為基準，說話時會以「我」開頭，稱為「**自我表現**」。

以他人為中心的人，則會以他人為基準，說話時總是以「你」開頭。由於注意力都放在對方身上，所以每一句都以「你」開頭是極其正常的。

這個時代的父母親，多半都是從「以他人為中心」的家庭中長大。雖然男尊女卑的傾向比較淡薄了，但是仍稱不上男女平等。父親主要是在社會中忍耐，母親則主要在家庭中忍耐著父親。

母親往往不知道自己正在忍耐，而是將自己的處境視為理所當然，但是忍耐仍產生不平與不滿，並朝著兒女宣洩。

當母親處於這種狀態，一大說話特徵就是「**但是~**」。

她們說出這段話時，就帶著這樣的想法：

「我都為了你這麼忍耐了，我真的很希望你能夠了解。」

背後也暗藏著這樣的情緒：

「但是你（老公也是，小孩也是）卻無法理解……」

親子問題中的孩子總是追求「父母的理解」，反過來父母其實也是一樣，總是無窮無盡地追求「孩子的理解」。

用「但是～」應付彼此的母女

以他人為中心者將注意力放在他人身上時，沒辦法說出像：

「你說的對。」

「原來如此。」

「說的也是。」

這樣體察對方想法並表現出理解的話語。在「以他人為中心」時代中成長的父母，幾乎不具有用對話溝通的能力，因此狀況又更加嚴重。

舉例來說，女兒隨口說一句：

「明天想找個地方走走。」

結果母親立刻就切換成「但是」模式，回答：

「但是氣象預報說明天會下雨呢！」

孩子年齡尚幼時，就算表示「我還想繼續玩」，只要父母以「但是我們該回家了，不可以再玩了！」的說法拒絕，孩子就會安靜聽從，讓父母認為：「孩子懂我的意思。」但這也許只是「自說自話」，完全沒有站在孩子的角度思考。

「但是」句型持續用個幾十年，父母就愈來愈得心應手。

這個模式深深烙印在心底，養成一種習慣，只要聽到對方說話，就會用「但是」這個句型應付所有要求。

事實上，**女兒也長年受到母親的「但是」洗禮**。雖然從小聽到這句話都會乖乖聽從，不會反抗，但是長大後卻會覺得焦躁。

此外女兒從小到大都學習著母親的言行模式，不知不覺間也學會了「但是」。**於是這個親子關係中的孩子，也學會自動把「但是」掛在嘴邊**。

就這樣彼此都向對方說著索求認同的話語：

「請你理解我！」

卻又互相以「但是」應付對方，難怪爭執會愈來愈嚴重。

要求對方「理解自己」的親子關係中，尤以母女間的傾向特別強烈。雖然母女雙方都沒有注意到，但是這背後其實藏著同性間的競爭意識與嫉妒。

5

父母無法接受孩子的理由

父母的口頭禪令孩子洩氣

「是喔？」

「所以呢？」

「你跟我說這些幹嘛？」

用這類句子暗地裡反駁孩子的母親也不少。

這些句子裡都透露著不接納對方的意思，甚至具有瞬間全盤否定對方說法的威力。

只要簡單的一句話，就讓孩子覺得自己努力表達的事情都是白費工夫，失望感瞬間襲來，想著：「看來沒用啊……」

母親像這樣不斷說出「但是」、「所以呢？」會讓親子關係惡化，也是顯而易見的。**然而母親卻想也沒想過，原因就出在自己的口頭禪**。

母親長年為了他人忍耐至今所產生的不滿，在未解決的情況下持續薰染著這個口頭禪。

如同日文中有句話叫做「他人樣」（「樣」是日文稱呼敬語等級最高的，類似「大人」），以前的日本社會主流是「以他人為中心」，強迫自己忍耐以求事情順利，沉默追隨地位優越的人以期獲得對方關照等。

「以前不管是親子問題還是職場問題，都比現在少許多不是嗎？」

雖然有人會這麼說，但是其實是以前整體社會與生活步調比現在鬆緩的關係，才會造成這樣的錯覺。此外以前的上下關係更明顯，每個人各有明確的定位，且都將其視為理所當然並沉默遵從著。也就是說，以前的人**從精神層面來看，習慣了受到壓迫與忍耐**。

因此大部分的父母心底，都根深蒂固地埋著這種以他人為中心的想法。以他人為中心，不斷忍耐，會使不滿的漩渦在內心深處不斷翻攪，並將從中湧現的想法傾倒給自己最容易開口的對象。因此父母會對孩子表現出責怪：

「你為什麼會做出這種事情？」

或者是原本想鼓勵對方，卻用否定的語氣表達：

「這種做法是不行的。」

父母說不出「表達認同」的話語

如果是以自我為中心的人，就會明白他人的意見與感想，單純是他人的意見與感想，能夠選擇尊重。因為這樣的人內心深處很清楚：

「就如同我有權表達自己的意見，不管孩子擁有什麼樣的意見，都是孩子的自由。」

所以能夠說出認同對方意見的話語：

「原來如此。」

當然，這個「原來如此」是理解對方的思想，能夠體察對方心情的意思，絕對不是「我也贊同」的意思。

但是受到舊時觀念束縛的父母，卻沒辦法產生這樣的念頭。他們已經習慣社會中的上下關係，容易受他人影響。所以**不管面對什麼事情，都沒辦法用「自己的想法」去決定**。

尤其母親更是無法在未獲對方同意或許可的情況下行動，且另一方面，就算她們親口說出「沒錯，就是這樣」如此同意的話語，其實也是基於「必須遵從對方」的想法去同意的。

也就是說，她們無法憑自己的想法去拒絕。

假設女兒今天這麼告訴父母：

「我這個月的錢不夠花了，借我一些嘛！」

以他人為中心的父母，或許就會瞬間切換成「但是」模式，如此回答道：

「妳在說什麼啊，我才想跟妳借咧。」

將「原來如此」解讀為「同意」的母親一旦回答：

「原來如此，妳的錢不夠花啊！」

父母不想同意孩子

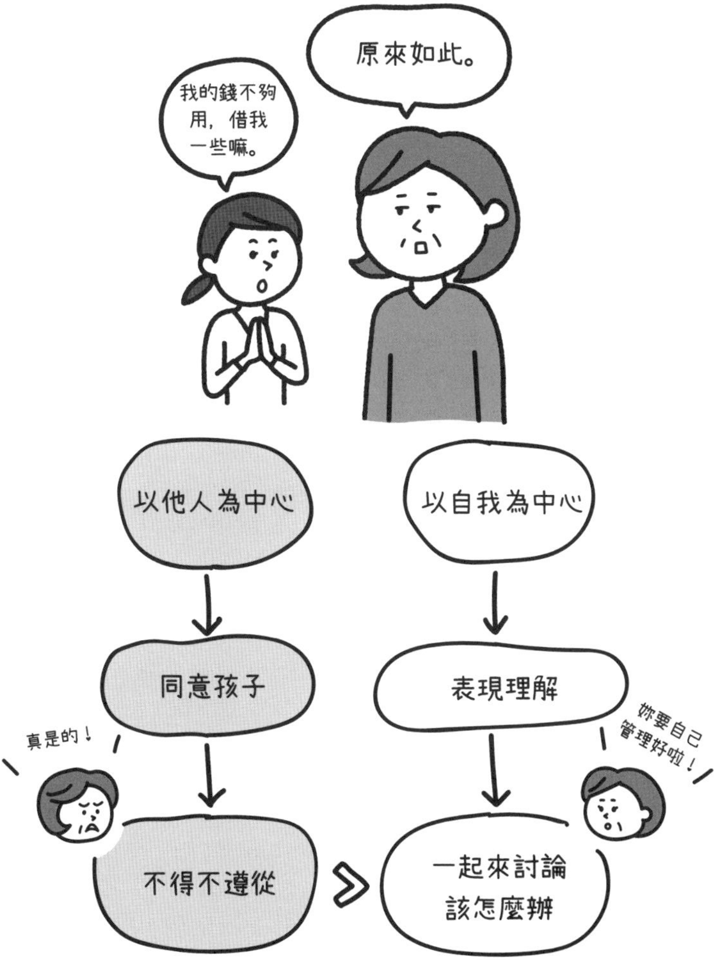

大部分的父母都以他人為中心

就會覺得話已經說出口了，所以「必須借錢才行。」
甚至母親心底的「借」也帶有「給」的意思，認為女兒不還也沒辦法。

受到必須服從的想法束縛

母親會擔心以後催促女兒還錢時，可能會點燃戰火，所以沒辦法明快地拒絕：

「妳自己就有零用錢了，每個月都要自己好好管理。」

只能以不服的語氣說著「妳又來了」，或是先把女兒貶低一通，再以略帶不耐煩的語氣說「要記得還喔」，最後還是以曖昧的態度「給錢」。大部分的父母都是這麼做的吧？

日後又會在與女兒產生其他問題時，將借錢一事提出來當成攻擊女兒的機會，借此取得優勢：

「既然如此，就麻煩妳以後不要再跟我借錢！」

父母從小面對的社會、教育與家庭環境，就像這樣受到將他人看得比自己重要的想法束縛，從根本認為「必須配合他人，必須遵從他人」。

他們無法將「原來如此」視為一種單純的附和，是因為潛意識認為必須服從意見與自己相反的他人，所以總是「不小心就同意了」。

為了避免自己不小心同意與自己相反的意見，他們會避免說出「原來如此、這樣啊」等宛如同意的字詞。

世界上的父母在成長環境中多多少少都接觸過如此觀念，所以才無法敞開心胸接納兒女的想法。

第2章

父母傷害孩子的真正理由

1 父母做不到正向的「溝通」

「求勝欲」引發的戰爭

親子間的關係很近，所以很容易向對方索取情感需求的滿足，希望對方「理解自己」。

但是如前所述，母女之間特別說不出口「這樣啊，我知道了」。

母女關係惡化到嚴重程度，**對彼此的「求勝欲」也會格外強烈**。

父母若以求勝的眼光看待人生，當然不能輸給自己的小孩。對這樣的父母來說，輸給小孩等於是種侮辱。求勝欲愈強，這樣的想法愈是強烈。

唯有保持能讓孩子沉默遵從的優越地位，他們才能安心。

藉由讓孩子「聽話」彰顯自己的地位，但同時又帶有「不能大意」的緊張感或恐懼感。

事實上，有時只要一瞬間就會失去如此優越地位。

舉例來說，有些親子會吵到互揪衣領的程度。嚴格來說，孩子這邊因為心理上還處於「名為孩子的弱勢立場」，所以無法使盡全力。

但是某天孩子毫無克制地施展暴力並勝過父母時，親子間的上下關係就會瞬間顛倒，原本還很恐懼父母的孩子會瞬間覺醒：

「咦？原來父母這麼弱小！」

結果父母的氣勢就萎縮了，甚至從此開始恐懼孩子。光是這樣就失去神采、迅速老化的父母相當常見。在以蠻力決勝負中敗陣，結果迅速失去自己的權威，無疑是將城池拱手讓人，難怪會發生這樣的變化。

「與人一決勝負」就是如此脆弱，而父母的潛意識很清楚這件事情，所以更覺得自己「不能輸」。

親子問題與夫妻問題

孩子年幼時總是相信自己的父母是全天下最厲害的，也相信父母比自己聰明，所以父母說的都是正確的。父母在孩子眼裡，是非常厲害且偉大的人物。但是隨著孩子成長，開始有判斷能力，這樣的幻想就會逐漸剝落，進而看見父母的真面目。

母親的滿嘴埋怨、父親總是對著電視大罵的模樣，這些都足以令孩子的幻想破滅。

長大成人的孩子都已經看穿自己的父母，從幻想中清醒了。但是父母卻仍舊濫用身為父母的權威，因此雙方當然會產生摩擦。愈是以威逼人的父母，孩子就愈想讓對方屈服。

另一方面，父母發現自己慣用的方法對孩子不再管用，會感到錯愕。他們擔憂地發現地位不保了，看著表現抗拒的孩子益發煩躁。

對女兒來說，和這樣的父母已經形成「無法互相理解」的關係了。

但是親子問題不只是兩人間的問題，事實上與整個家庭都息息相關。而造就整個家庭關係的，其實就是**夫妻關係**。

如果夫妻本身就處於「無法互相理解的關係」，那麼親子也很容易演變至無法互相理解的地步。

若是夫妻間無法互相理解，母親就愈容易將心思投注在孩子身上。對她們來說，雖然沒辦法控制丈夫，但是孩子相對好控制多了，且對兒子與女兒的態度又有細微的差異。對母親來說，和自己同性別的女兒較容易溝通，也會認為女兒就像是自己的延伸，所以母女之間的關係會更加緊密。當然，是「關係成癮」方面的緊密。

從未有過「言語溝通」的經驗

母女關係緊密，自然會將父親排除在外。因此母親與父親的對立，就很容易演變成「母女」對「父親」這種二對一的關係。

連夫妻關係都處理不好的父親，自然更不知道該怎麼與女兒相處。

有些父親會拋下家庭，與家人保持明確的距離。

這樣的父親看在女兒眼裡，可能是平常「沉默寡言」，一旦開口就是「怒吼」。

有些父親平常都不說話，每次開口都是因為有事情要說。

有些父親會採取單方面的支配態度，以權力逼孩子遵從。

有些父親會插嘴孩子做的每件事情，令孩子覺得不耐煩。

若父親有這些傾向，女兒當然比較容易與母親產生緊密關係，且會同情母親，認為自己應該與母親站在同一陣線。

但是這樣的家庭中，不管父親偏向哪一種，**父母雙方**都會情緒化地互相強調自己的主張，或是說話時根本無視對方的想法。**無法使用健全正向的交流方式或溝通方式**。

因為父母沒有這樣的交流經驗。

在父母成長的時代，就算具備體察彼此需求的交流能力，還是缺乏用言語表現出來的能力。

不少人都誤以為各自強調自己的想法，辯論著想爭贏對方的對話方式，也是溝通的一種。過度善辯、不斷強調自己主張、自顧自滔滔不絕、不讓對方表達意見、讓他人無法插話、說話強勢，都是**缺乏溝通能力者的特徵**。

這些人可以說都是缺乏「親密互動」與「相愛」經驗的人。

但是這樣的人在過去卻很容易獲得「可靠」、「強悍」的評價。這種在家中屬於「無法交心」的人，曾經也備受讚賞，獲得「了不起」、「強悍」、「厲害」等讚賞，至少對再上一輩來說，這種個性才是符合傳統價值觀的「好男人」，是受讚賞的。但對這一代的孩子來說呢？

這或許也代表，父母還深陷於上一輩的那一套做法裡。但是曾經適用的做法已經不合時宜了，當然無法贏得孩子的尊敬。

2 「至少要讓我的孩子自由」思想的陷阱

由孩子來完成自己的心願

許多母親都希望「至少別讓我的孩子像我這麼辛苦」，胸懷著至少要讓自己的兒女「活得自由、過著閃耀亮眼的人生、盡情做自己喜歡的事情」。

從字面上可以看出她們非常珍惜自己的小孩。

但是**這樣的「心願」，反而剝奪了孩子的心靈自由**。

「我總是在忍耐，所以希望孩子能夠按照自己的想法過日子。」

「我以前成績不好，在學校都很自卑，所以希望孩子能夠表現優秀。」

「以前就讀的學校讓我很自卑，我不希望孩子像我一樣。」

母親像這樣把自己無法實現的理想，強壓在孩子身上，說著：

「就由你來完成我的心願吧。」

母親完全沒意識到，期待孩子完成自己的願望或理想這件事情本身，就已經剝奪了孩子的自由。**相反的，還很多人因此認為自己是「好媽媽」**。

無論是多麼棒的心願或多麼崇高的理想，只要是由父母將孩子推往那個方向，而非孩子憑自己意願去努力，就等於剝奪了孩子選擇的自由。

而且**無法意識到這個事實的孩子，會因為無法實現母親的期待而覺得自己不孝**。若他們因為重視自己的想法而違背父母期許，會覺得自己背叛了父母。

孩子順應自己的特質成長，明明是極其正常的事情，但是卻因為無法達標父母的期望而自責，背負著罪惡感，猶如做了壞事。

父母剝奪孩子選擇的自由
至少得讓你依自己的
想法過日子
＝去實現
我的心願吧
父母的期望、
理想
孩子若做不到，會產生罪惡感

父母曾經也是「乖孩子」

從母女問題的角度來探討，母親之所以將自己的心願與理想強壓在女兒身上，是因為自己的心靈也受到諸多制約的束縛。

就算母親心裡想的是：

「我不想讓孩子感到辛苦，希望孩子能夠依自己的理想生活，做自己想做的事情。」

但是實際的行為卻只是在教孩子「當乖孩子，聽父母的話就好」，這是因為母親長年來也只經歷過「遵從」這個行為模式。

上一章以女兒向母親「借錢」為例，談到父母無法拒絕女兒的情況。

聽到女兒借錢時，儘管母親會用不滿的表情或不悅的態度表現出「討厭」與「貶低」，或是用「但是」造句，說著惹人嫌的話語，終究還是因為無法果斷拒絕而「把錢（借）給女兒」。

雖然母親會表現出否定、抗拒的態度，或是不斷對女兒吐露不悅的言詞，最終還是會遵從孩子的要求。

母女間最應該避免的，就是如此的相處模式。

以他人為中心，就沒辦法「乾脆俐落地拒絕」。即使能夠表達不高興或是報復性言詞，最終還是會遵從對方。

不只母親或女兒如此，其他家人也會學到相同處事模式。

也就是「遵從對方」。

他們還會將這個處事模式原封不動地搬到社會上，結果有很高的機率會成為**引發問題的元凶**。

女兒得到錢，但別說感謝了，甚至還反咬一口

沒辦法斷然拒絕的父母，雖然會忍不住遵從孩子的要求，表露的態度與表情卻肯定不會多好。這麼做反而會傷到孩子，但是父母卻毫無所覺。

一般來說，借錢給他人，至少得獲得「謝謝」之類的感激，但當母親對女兒採取否定、冷嘲熱諷的態度時，就算最後把錢借給女兒，卻也傷害了孩子的心。換句話說，孩子會覺得自己不被接納、母親不愛自己。

「妳怎麼搞的，每次都這樣！」

母親像這樣邊埋怨邊給錢，言外之意就好像是：

「妳總是這樣給父母添麻煩，妳根本是個沒用的女兒。」

女兒因此受傷，別說感謝了，甚至會根本「不想還錢」。不如該說，「不還錢」成為女兒受傷後對母親的「報復」。

不管是什麼樣的狀況，爭執中勢必會有人受傷。受傷後就會想要報復對吧？只要「受傷」這個負面情緒未獲排解，就會下意識地瞄準報復的機會。難道這麼做就能夠排解受傷的情緒嗎？恐怕是無法。

我們本來就會追求同心協力與互助合作，但若雙方都從一開始就對彼此抱持負面情緒，就不會想要協助對方。

從這個角度來看，「借錢的同時傷害對方」這個行為，對誰都沒有好處，根本不可能帶來互助合作或互相感謝等效果。

3 親子間莫名的競爭

「傷害對方的言行」已經深入骨髓

像這樣「給予的同時傷害對方」，就是會立即造就負面關係的最差言行模式，但是每個人或多或少都做過這樣的事情。而親子關係就在這種行為的反覆出現中惡化。

某個諮商案例曾發生過這樣的事情。

這天女兒正打算搬動沉重的椅子。

明明是兩個人一起搬就能輕鬆解決的事情，但是女兒向母親求助，母親卻冷嘲熱諷，女兒便決定自己處理。

看到女兒這副模樣，母親果然說出了這樣的話：

「妳一個人怎麼可能搬得動？來，妳看，妳這種做法根本有問題，這是需要訣竅的。」

這段話中潛藏著「沒有我的話妳什麼都辦不到」的優越感，不想向母親屈服的女兒便渾身帶刺地回答：

「我可以，不用妳幫忙！」

兩人之間的心靈戰爭也就此展開。

不肯讓步的母親注視著女兒，並以責難的語氣揚聲道：

「妳看，我說過了吧？妳這樣做是不行的，用力推會傷到地板！」

接著便將女兒推到旁邊準備自己來。

既然演變成這種狀況，就算女兒抗議著「我要自己來」，母親也不可能再收手了。

「我不是說我要自己搬嗎！」

若女兒語氣強硬地拒絕，母親會更不高興。

兩人開始搶著要自己搬椅子，爭吵越演越烈。

要是女兒在母親的堅持中敗陣收手，母親就會自豪地說：

「妳看，像我這樣不是很順利嗎？」

事實上，干預女兒做的事情，是希望讓女兒知道：

「妳看，不管妳長得多大，沒有我就是辦不好事情。」

這才是母親的真心話。

雖然母親是好意……

這個情況下，無論過程如何發展都會傷到女兒的心靈，進而懊悔地失去理智：

「我明明就說我要自己處理！」

這時母親就會以「但是」模式回答，數落女兒：

「就是因為妳做事不牢靠，我才要幫妳！」

結果兩人就陷入「既然妳要那樣說，我就要這樣回答」的一來一往。

最後女兒怒氣沖沖離開，母親或許還會對著背影窮追猛打：

「妳為什麼會這麼彆扭？一點也不坦率，這時候不是該說聲謝謝嗎？」

這可以說是日常生活隨處可見的畫面。

從母親的立場來看其實是抱持著好意：「我只是想幫忙而已……」

但是實際上卻是藉由「搬椅子」這件事情開啟戰場。要是母親尊重女兒的想法，就會在女兒說要「自己搬」的時候以自我為中心地說道：

「那妳需要幫忙的時候再說一聲吧。」

接著放任女兒自行處理即可。

父母干涉孩子的心理

這種時候當事人或許都沒注意到自己在吵架，尤其是平常對話就很情緒化的家庭，更是不會意識到「吵架」這個事實。

那為什麼雙方都會產生「不能讓步」的情緒呢？

如果不是在吵架，可以採用正面的表達方式，說聲：

「謝謝，那麻煩你囉！」

但是卻有母親或女兒對此表示：

「這種話我打死都說不出來。」

這是因為母女關係，已經轉變成**「堅持一較高下的關係」**。

以這個例子來說，在母女爭奪主導權的時候，如果母親中途收手就等於認輸，認輸就得交出主導權。擔心主導權不保的母親，必須保持爭贏女兒的狀態。所以才會無意識地釀成如此爭吵。

當然母親不只想與女兒競爭，其中還包括父母心、想幫助女兒、想助一臂之力的心情，以及想透過對女兒派上用場感受到「自己是被需要的」。

最重要的，是任誰都會下意識地害怕別人不把自己當一回事。母親害怕女兒獨立後會拋棄自己，對孤獨的恐懼讓母親下意識地想藉此讓女兒依賴自己。

母親就在這紛亂的思緒交錯中，出手干涉女兒生活的大小事。

父母干涉孩子時
都在想什麼呢？

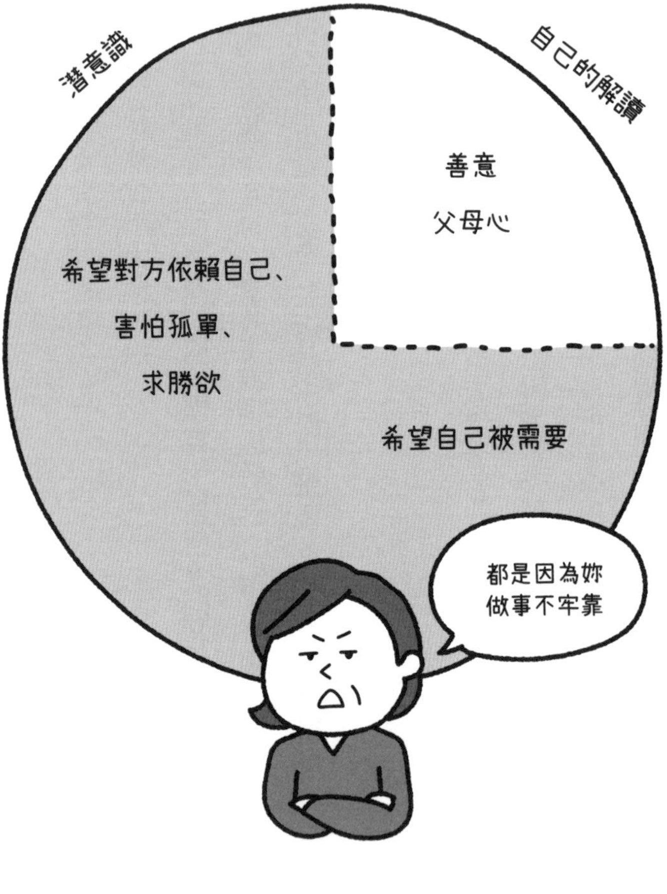

4 孩子的被害者意識

孩子走出家門，卻反過來認為是「對方的錯」

這樣的母女互動，對母親與女兒來說都是已經固定的言行模式，儼然融入自己的血肉當中。而這樣的模式當然也會出現在家庭以外的地方，如學校、職場的待人處事上。

以職場為例，女兒面對主管、前輩或同事，或許與在家裡一樣扮演著「女兒」的角色。同時也可能在**面對其他人的時候，扮演著「母親」的角色**。即使女兒在自己與母親之間的關係，認為自己是被害者。在職場上與他人相處時，卻很容易做出與母親相同的言行且毫無自覺。

有時明顯是女兒侵犯了對方的領域，看在女兒的眼裡就是「對方有問題」，認為：

「我對他那麼好，他竟然不領情。」

「我這麼貼心，他竟然表現得理所當然？」

「我都已經出力幫忙了，為什麼他還要鬧脾氣？」

儼然變成**「站在父母的立場」**。

自己受傷時，每個人都很敏感，自己傷到他人時，卻又非常遲鈍。當別人無視自己的心情、強行要求自己接受某事、要求自己遵從，我們會產生負面情緒，**然而自己對他人做出相同的行為時，卻毫無察覺，心裡還會和**

孩子的言行變得與父母相同
卻毫無自覺

轉變成和父母
相同的立場
我這麼幫妳，
妳為什麼不知好歹！？

無法察覺自己
傷到他人

母親一樣產生怪罪「對方竟然無法理解自己心意」，覺得自己是被害者。

學會說「ＮＯ」的技巧

這是在家裡與一般社會中引發糾紛的典型言行模式。

這種言行模式容易挑起「紛爭」而非讓人感受到「愛」，相較於「互助合作」更像是「互相爭奪」。

即使動機是父母的愛，在父母將自己的愛強行灌注給孩子的瞬間，就會傷害到孩子。

即使是深信能夠「讓孩子得到幸福」的做法，在強迫孩子照做的瞬間就會傷害到孩子。

無論是多麼正確的事情，只要強迫對方接受自己眼中的「正確」，無視對方心情要求對方遵守，就會產生紛爭。

即使從父母的角度認為是正確的事情，對孩子來說「父母強迫自己」仍是不容改變的事實，對孩子來說當然是「不正確」的。

父母必須察覺到自己的「不正確」，孩子也必須表現堅決說「ＮＯ」的態度。

但是即使孩子敢對父母說「ＮＯ」，這個「ＮＯ」卻會引發更凶猛的戰火。想要避免情況惡化，孩子必須學會向父母說「ＮＯ」時的心態、行為與表達方式。後面將會針對這部分的技能做進一步的說明。

5 真的是父母的錯嗎？

不重視「心靈」的時代

這邊想先指出另外一個產生如此言行模式的原因。
社會是由個別的人類聚集而成。
個人的言行會影響到他人，他人也會對更多他人造成影響。
同樣的，社會型態也會影響到個人。
個人與社會就像這樣互相牽引著。

也就是說，個人問題就等於社會問題，社會問題也會成為個人問題。我們身處的社會，自古就有明確的階級制度，就算不像軍隊那樣有明確的階級，人們的心裡仍有不成文的排序在。

舉例來說，以前的教育認為丈夫應重視工作勝於家庭，妻子應當個賢內助，孩子必須遵從父母的指示。家長制度、男尊女卑即是代表案例。

那麼階級觀念消失了嗎？絕對不是，現代甚至還增加了許多不成文的規定與禁止事項，甚至到了衍生出「監視社會」這個名詞的地步，這個社會已經隱約變成「這也不行、那也不行」的禁止社會了。

雖然憲法保障了基本人權，但是從各方面來看，「互相認同」這個基本權利反而更受到輕蔑。

大多國家早已從極權主義轉變成民主主義，但是從「心靈」這個觀點來看，「民主主義」一詞在資本主義下的競爭社會中卻是雷聲大雨點小，人們對待「心靈」的態度可以說是非常隨便不是嗎？

後來又急遽降臨的資訊社會，更是如急踩油門般讓人類的精神層面跟不上社會變遷。

在這競爭社會中，不管是學校還是職場，都蔓延著「輸贏」風氣。講究「輸贏」的世界看不起「心靈」，不如該說，想要「獲勝」、「存錢」或是「出人頭地」，心靈反而會造成阻礙。

以心靈富足與幸福感為尺度去衡量，「心靈」或「愛」帶來的滿足感，品質上遠比「金錢、成功、出人頭地、地位、名譽」等物質帶來的還要好上許多。但是為了滿足物欲卯足全力的現代，不僅對「心靈」與「愛」的敏感度愈來愈低，也逐漸輕視甚至排除心靈富足或高品質的滿足感。

此外對ＩＴ社會來說，最重要的是「資訊、語言」或「知識、思想」，「心靈」同樣會造成阻礙。

按理說，不管社會如何變遷，「心靈」都應該是最重要的。但是現實卻是**社會結構可能會讓我們不得不切割「心靈」**。

反覆的忍耐使扭曲現形

以前的社會並不尊重個人意志，認為國民是為了國家存在。無法逃出如此束縛的人們，在努力遵從他人、配合他人或環境之餘，又彷彿為了補償自己精神層面的痛苦，以同樣的標準要求或強迫自己的孩子，無法脫離過去的「集權主義」。

「以前為了國家、為了大局去做事情的風格，不是讓社會很和平嗎？」

或許有人會如此反駁。

乍看或許是如此，但是以前的階級非常明確。

「國民有義務遵從國家決定的事情。」

「學校說的都是正確的，每個人都務必遵守。」

「公司是城堡，老闆就是國王，臣服於國王的員工，就必須為國王盡心盡力。」

「不管丈夫說什麼，妻子都必須二話不說地遵從。」

這樣的階級關係在傳統社會是種常識，就算心有質疑仍只能乖乖遵從。也就是說，當時的人們只能接受「以整體為優先，將個體需求放到最後」這個做法，心理的糾結自然也比較少，而社會的秩序與和平就是這麼來的。

不如該說，在這個為了國家、為了社會、為了公司、為了家庭的**「以他人為中心」系統中，每個人都是一路忍耐並自我犧牲，而現代親子關係中的「扭曲」，正源自於這種連綿不絕又不斷重複的「犧牲」**。

第3章

拒絕當「乖孩子」的勇氣

——「父母是父母，我是我」

1 認同「父母也有悲慘的自由」

父母妨礙孩子的獨立

對父母那一代的人來說，孩子在長大成人之前，「由父母照顧是理所當然的」，身為繼承人的長男也必須負責照顧父母。

但是近來的日本，包括孫子在內的三代同堂已經變少了，母親若能選擇同住的對象，也傾向女兒而非媳婦。就算不能同住，也期望女兒結婚後能夠「住在附近」。

但是就算孩子有相同的意願，現代社會中光是要打理自己生活，就令人精疲力盡了。

以前的年代，孩子開始工作，薪水都會直接當成全家共同的收入，但是現代父母仍繼續金援孩子的案例並不少見。現在有很多人就算開始工作了，也毫無餘力能夠貢獻家裡。

在這樣的社會背景中，父母會對老年生活感到不安，在金援孩子的同時，心理上也會更加依賴孩子。反過來說，這也會造成孩子對父母的依賴性。

舉例來說，如果父母想要真正依賴孩子生活，孩子就必須「經濟獨立」。但是父母卻會**在無意識間做出讓孩子依賴自己的行為，妨礙孩子的獨立**。

如果父母過度干涉生活，孩子想獨立就非常困難。每次女兒自動自發或是表現出任何積極行為，父母就會吹毛求疵、扯後腿，甚至情緒化的反對，女兒根本就沒辦法憑自己的想法行動，光是想要讓雙親「理解自己」、或是千方百計躲避父母干涉就非常疲憊了，哪來的心力好好工作？

無法獨立不是你的錯

另一方面，母親沒有注意到自己的「關係成癮」會使女兒痛苦，或許還深信自己是在為孩子提供適當的指引。

「妳要懶散到什麼時候？差不多該找工作了吧？」

只要像這樣對女兒窮追猛打，就能夠將女兒的自信斬草除根了吧？

「我得照顧妳到什麼時候？照理說妳這年紀才應該來照顧我們了吧？」

脫口說出這些話，想必已徹底擊碎女兒的自尊心吧？

如果妳處於這樣的母女關係中，**精神層面與經濟層面都在父母干涉下而無**

法獨立，絕對不是妳的問題，因為這就是父母潛意識期望的結果。因為他們強烈渴望這樣的狀態，所以用巧妙的控制方法讓妳無法獨立。

此外，父母還會語帶威脅地用「必殺攻擊」，讓妳覺得這一切都是自己的問題，例如：

「妳這麼沒用，怎麼在這個社會立足。」

「妳看看自己現在的樣子，難怪嫁不出去。」

面對如此父母的妳，現在或許正自責著、覺得滿心無力感，甚至受到嚴重的自我厭惡感折磨。

這樣的妳，更必須了解「真相」。

那就是——這絕對不是妳的問題。

母親是基於自己強烈的「關係成癮」，才會擊碎妳健全的獨立意願。

愈來愈多女兒對母親的關係成癮厭惡至極，想著：

「我要和母親斷絕關係，再也不想看到她了！」

自作自受能夠讓親子同時成長

雖然是由強烈主張造成的紛爭，但是想要解除這個問題的方法，其實「原理」非常簡單。

那就是**打從心底認同「彼此的自由」**，所以請盡力去實現吧。

不管孩子的言行在父母眼裡有多麼不恰當，有時候**認同對方有「失敗的自由」**也是非常重要的。

同樣的，不管父母的言行在孩子眼裡有多麼不恰當，就算造成了悲慘的結局，也必須**認同對方有「悲慘的自由」**。父母的心靈唯有如此才能獲得救贖，這種情況並不罕見。

因為無論是什麼樣的時機，很多事情都是**「自己做的選擇，總有一天會回報到自己的身上」**。

換句話說，就是「自作自受」。自己選擇後所得到的結果，必須由自己去體驗與承擔。

無論結果好壞，唯有親自體驗才會銘記在心，並讓自己有飛躍性的成長。

至少，比起搶先鋪設安全的軌道避免孩子摔跤，讓孩子憑自我意識播種，再自己扛起責任去收割所得到的經驗，更能夠培養出獨立的意願。

無論是「母親對女兒」還是「女兒對母親」，都是同一個道理。

但是如前所述，父母成長在貫徹「以他人為中心」的年代，「以對方為優先」、「遵從高位者」的價值觀，理所當然地滲透他們身處的社會環境與家庭環境。在他們那個時代，從未學過健全的溝通方式。

期望這樣的父母理解孩子，可以說是難如登天。因此比起追求父母的理解，不如孩子努力讓自己的心靈獨立，不受父母束縛，才是比較聰明的做法。

親子打從心底認同「彼此的自由」
才能解決問題

認同「遭遇不好下場的自由」，
就算覺得對方很慘，也要知道「悲慘」
能夠幫助對方獨立。

2 自己的欲望比父母正確的道理更重要

「獨立很恐怖」是「莫須有的恐懼」

如前所述，**造成親子間紛爭的最大元凶，就是不認同彼此的自由**。

具體來說，就是在生活中不認同對方的選擇，擅自闖入對方的領域並做出不當的干涉，以期對方「對自己言聽計從」，或是未經對方同意就多管閒事。

而這就源自於**「獨立意願的缺乏」**。

如同不斷重演的歷史，地位優越者不尊重個別自由，強硬要求下位者「遵從自己」，正是許多紛爭的來源。要是能夠避免這種行為，或許大半的紛爭都會自動消失。如此一來，會有多少人能夠構築「正向的人際關係」呢？

「互相認同」是民主主義提倡的基本人權，但是實際理解「互相認同」的意義，並在日常生活中做出具體行動、行為，對有些人來說卻困難至極。

「關係成癮」嚴重的人，對「獨立」一詞抱持強烈的恐懼感。這些恐懼源自於他們本身的經歷，所以更加真實。

但是這都是因為父母原生的親子關係或家庭關係有問題，才會烙印在心底的「莫須有的恐懼」。

主張自己「認同孩子」的父母

親子關係中，尤以母女關係更加容易演變成劍拔弩張狀態，其中一個很容易被忽視的原因，就是女性的社會地位（包括職位、薪水與整體待遇等）都還很不平等的關係。要是社會環境與經濟環境夠健全，不曉得能夠消除多少女性的不安與恐懼？就算一輩子單身、離婚或是當個單親媽媽，都能夠安心生活。

如果女性能夠察覺到自己身處的立場，或許母女就能夠真正地認同彼此。

可惜現實是人們恐懼並輕蔑著「互相認同」，舉例來說，就算試圖說服父母：「試著理解孩子的作為吧？」

還是會有不少父母主張道：

「我已經很認同孩子的作為了。」

也會有父母如此表示：

「別說認同了，孩子總是只顧自己，絲毫沒有顧慮到父母，也不願意好好溝通。」

但是進一步確認這些父母所謂的「認同」時，往往會忍不住想吐槽：

「你那個根本是『不認同』好嗎！」

父母說話背後的心情

接下來要舉個例子，請各位一起思考。

這天女兒在用餐前拆開了喜歡的零食。

父母看到後立刻質問道：

「飯前不該再吃零食了吧！」

父母會這麼想是再正常不過了，畢竟飯前吃零食，就吃不下正餐了。

「妳老是吃那些點心不吃正餐，對健康不好！」

父母的主張確實是沒問題的。

面對堅持自己想法不肯退讓的父母，我詢問道：

「如果你是女兒，會怎麼想呢？」

這時父母回答我：

「我也是在父母如此管教下成長的。」

父母曾經接受上一輩的如此管教，所以現在也對孩子說出同樣的話。

這背後真正的涵義或許是：

「我也是被父母一路唸到大的，所以不唸自己的小孩，心裡就不舒坦。」

當然父母在碎碎唸的時候，並非抱持著報復的想法。單純是將自己從上一輩身上繼承的管教與知識，原封不動地教給自己的兒女罷了。

如果父母能夠「以自我為中心」思考，這時就會意識到自己是帶著什麼樣的心情，告訴孩子這些話了吧？

那麼他們是帶著什麼樣的心情呢？

這邊做個簡單分類——父母說出這些話語時的心情是「正面」還是「負面」，就特別重要了。如果這時自己的心裡藏有任何負面情緒，那麼不可否認的事實，就是自己說出的話與肯定帶有某種負面的想法。

或許說話者沒有自覺，但是這可能是種「報復的想法」，因為曾經有人對自己這麼做，自己不照著做就虧大了。

否定欲望就等於否定自己的存在

孩子認真傾聽父母主張的「正確道理」，或許會認為父母是正確的，不願意遵從父母的自己「是有問題的」。不少孩子會因為不遵從父母而產生罪惡感，甚至深陷其中。

如此一來，孩子就會責怪不聽話的自己。

這裡有問題的不是「對健康不好」這件事情。女兒的做法確實「對健康不好」，從理論上當然能夠理解，但是與之相對的卻是「想吃」這個欲望。

這時承認父母的「正確道理」，就等於否定自己的欲望。

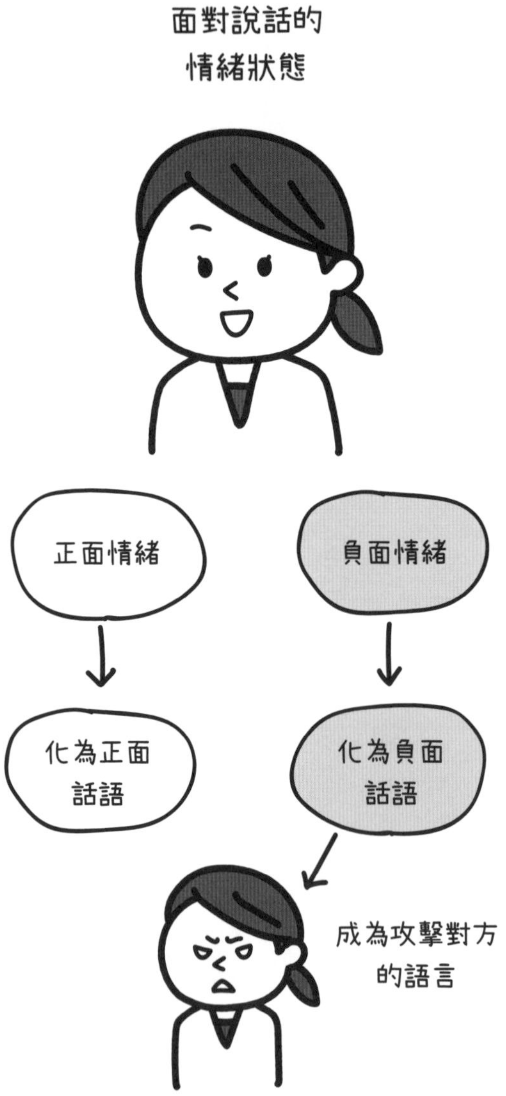
面對說話的
情緒狀態
正面情緒
負面情緒
化為正面
話語
化為負面
話語
成為攻擊對方
的語言

人類能否認同自己的存在價值，取決於**自我肯定感**的程度。自我肯定感則與自己的情緒、欲望與期望等相關，也就是「自己的生活方式有多大的程度能夠遵循自己的想法」。

也就是說，**優先聽從正確的道理，而非遵循自己的欲望，會導致無法提高自我肯定感**。

自我肯定感的高低，取決於自己的生活方式有多貼近自己的心。

這個案例中的女兒如果遵從父母的「正確道理」，就等於否定自己的欲望。雖然說起來有點誇張，但是這也代表女兒否定自己的存在價值。

自己的欲望比父母
正確的道理重要

無法對自己的心說謊

⇩

提高自我肯定感

3 做出「理解對方心情的表現」

「你愛怎麼做就怎麼做」不等於認同

繼續探討前面這個案例。下面這段互動代表了極低的自我肯定感，甚至根本稱不上對話。

不想遵從父母的女兒反駁道：

「我知道啦，但是吃一點沒關係吧？」

母親也不服輸地回答：

「妳是豬嗎？一天到晚只會吃零食，妳的小孩要是以後學妳，該如何是好？」

就這樣又進入了一如往常的互動模式。

「妳很囉嗦耶！連這點小事也要唸，我哪受得了啊？」

「我是擔心妳才要講的耶！」

「不要再唸了啦！」

「好！以後小孩學妳的時候，我才不管妳，妳愛怎麼做就怎麼做！」

父母往往會將最後拋下的這一段話，當成自己已經「認同孩子」。

「孩子做事情總是自顧自的，不肯聽父母的話，教他們的時候只會頂嘴，所以我也只能認同了。」

雖然父母心底反對或反彈，甚至人身攻擊，仍不打算仔細聆聽孩子說的話，才會造成這種不甘不願讓步的狀態。

當然，這根本稱不上是「打從心底認同」。

「你愛怎麼做就怎麼做」不過是種具報復性質的回答罷了。

人們對負面情緒比對正確道理更敏感

父母原本是想教女兒「飯前吃零食不好」。

確實飯前不吃零食比較好。

女兒也心知肚明。

但是女兒卻沒辦法坦率說出：

「是這樣沒錯啦，畢竟晚餐時間快到了。好啦，雖然我很想吃，還是等吃飽飯再吃好了。」

或是：

「是這樣沒錯啦，畢竟晚餐時間快到了。但是我真的很愛吃，那我吃一點就好了。」

這是為什麼呢？

這是因為父母已經否定了女兒想吃的「欲望」。

自己的欲望遭到否定時難免會不開心，換句話說，就是女兒的心靈因為遭否定而感到受傷。

但是這世界絕對不是只要合情合理，對方就一定會認同。尤其是雙方都情緒不佳，又聽到對方主張任何「正確道理」，不僅不會感謝，反而會更想反駁。因為就算對方說的事情合情合理，**人們對「負面情緒」的反應遠比「正確道理」更敏感**。

父母與其是在論述「正確道理」，反而更偏向舉著「正確道理」這個大旗在攻擊女兒，下意識地將重點放在「責備女兒」這件事情上。

那麼有沒有什麼解答可以參考呢？這取決於母女中是否有任一方，能夠說出**「接納對方想法」**的話語。

假設母親不小心以責難的語氣說出「都要吃飯了」，此時，只要趕緊接幾句理解女兒心情的話語，女兒的心也會軟化吧？例如：

「好啦，我知道了，抱歉。那是妳最喜歡吃的零食對吧？」

至於適合女兒的表達方式，則如前面介紹的那樣。

畢竟當雙方情緒都上來時，非常難開口說出這種話。此外，若平常不習慣使用「以自我為中心」的表達方式，根本就說不出口。寫成文字看起來很簡單，但是卻必須具備高度智慧與情感，才能夠得心應手地運用這類言詞。

不過就算沒辦法馬上靈活運用，至少也該當成目標去努力。後面將繼續詳述這類溝通方式，並介紹相關訣竅。

4

希望各位母親能夠留意的事情

父母祈求孩子不幸的深層心理

上一章有提到過，父母不希望孩子重蹈自己經歷過的失敗、懊悔、遺憾或悔恨。

尤其是看見孩子經歷自己過去曾做過的事情，就像看見過去的自己一樣。

當然，這些都藏在潛意識裡，大部分的父母都沒有注意到。

無論父母有沒有察覺到，只要看見孩子彷彿要步上自己的後塵，經歷與自己過去相同的傷害，就會忍不住想要阻止。

「我曾有過不好的經驗，不希望孩子也遇到相同的事情。」我能夠理解這樣的心情。

這正是所謂的父母心。

但是父母心的背後，卻又潛藏著背道而馳的念頭。假設父母曾經歷過不幸，就很容易在祈求孩子幸福的同時，忍不住想著：

「我當年這麼不幸，怎麼能容忍自己的孩子這麼幸福？」

若父母尚未與自己的過去和解，這種想法會更容易出現，當然，這些都只藏在潛意識裡。

因此孩子遭遇不幸的時候，父母便能安心地陪在孩子身邊；就算待在一起時會發生爭執，還是要待在一起才會安心。如此安全感在心中占有的份量，遠比父母自以為的還要龐大。

然後為了保有這樣的安全感，看到孩子認真追求幸福並打算獨立，就會忍不住出手干涉、潑冷水。

若父母堅信孩子絕對不會離開自己，就會盡說些惹人嫌的話語：

「快點結婚啦，再不快點的話就沒人要了。」

當然惹人嫌的程度，也都控制在還能掌握孩子的安全範圍內。

看見女兒帶男朋友回家卻不開心的母親

女兒將自己的男朋友介紹給如此母親，又會如何呢？

父母關係成癮的程度愈嚴重，那麼男朋友的登場對他們的威脅性就愈大，

因此可能會透露著反對：

「你們想結婚還早吧？」「你這麼沒用還想結婚？」

或是挑剔對方、說出對兩人關係潑冷水的言論：

「那個人還需要再多觀察。」

這是因為他們擔心孩子的心向著男朋友，會離自己愈來愈遠。

父母認為孩子獨立之後就會拋棄自己，孤獨感會猛然襲來，沒辦法由衷為孩子的成家立業感到喜悅。

這樣的寂寞讓他們吹毛求疵或是表示反對，有些父母甚至會挑撥離間。

如果父母察覺到自己這方面的心情，還能打從心底認為「女兒有選擇的自由」，就不會不管三七二十一地反對了。

這樣的父母能夠站在客觀的角度，就算明白兩人之間有明顯的問題存在，仍會試圖理解女兒的想法。

當然女兒就算發現父母對男朋友不滿意，也能夠認同父母有如此想法的自由。

「首先認同自己的心情」，才能夠認同對方的心情。

如果女兒的心意夠堅定，即使母親表達反對，仍認為：「我就是喜歡他！」

那麼想法就不會受到父母的言行影響。

母親能夠正視自己的心情，接受「自己不喜歡女兒的男朋友」這個事實，就同樣能夠正視「女兒喜歡對方」這個事實。

也就是說，雙方都能夠接受「對方的自由」，認清母親的想法是母親的，女兒的想法是女兒的。

像這樣認同彼此的自由後，會發現親子間的「心靈羈絆」，遠比為了男朋友一事拔河更重要。

5 建立隨時能商量事情的「羈絆」而非「斷絕關係」

母女斷絕關係才是最大的不幸

母女間不管是哪一方，要「認同對方的自由」都是困難至極的事情。更何況是已經認定「對方做了錯誤選擇、朝著錯誤方向行進」。

儘管如此，如果不能認同對方自由，這個「不認同」就會造成對立。

以國家政策為例，國家的施政者為了掩飾自己的政策失敗或是不妥，有時會試圖將國民的焦點轉移到國外。最常見的做法，就是用他國的威脅粉飾自己國家的問題，想辦法撐過風頭。

親子關係亦同，父母與「女兒與男朋友」對立的時候，就算女兒與男朋友間真的有問題，也無法正視這件事情。只有兩位當事者正視自己關係的時候，才能夠逐漸看清彼此間的問題。換句話說，父母與女兒對立，反而會擋住女兒與男朋友正視彼此問題的機會。

親子對立會使女兒與男朋友更加團結，甚至會為了面子堅持結婚，提高做出錯誤選擇的可能性。

如此對立的最壞結果，就是斬斷親子間的羈絆。原本是為了孩子著想才反對，沒想到卻反而切斷了親子間的聯繫。之後若某天孩子真的需要幫助，可能會躊躇不敢向父母求助。世界上沒有比親子在重大時刻無法互相伸手還要不幸的事情了。

認同彼此選擇的自由，以此為基準相處，才能建立互相信賴的親子關係。

父母是父母，我是我

父母希望孩子幸福，一旦孩子成家立業，又會感到寂寞。身為父母，擁有這麼矛盾的心情是理所當然的，但是「關係成癮」過度嚴重，自己的想法就會壓過為孩子著想的心情，進而希望自己的孩子能夠一直待在身旁「扮演孩子的角色」。

假設女兒有所自覺父母強烈的「關係成癮」問題，並且能夠堅定獨立的想法，認為「父母是父母，我是我」，重視「我的自由」，此時，就不會因為父母的反對和父母爭吵，而是能夠理直氣壯地表示：

「但是我很喜歡他，所以我們是以結婚為前提交往的。」

這時就算女兒心裡萌生罪惡感：「好像拋棄父母一樣，父母好可憐」，仍然可以「優先重視自己的想法」。

母親如果能夠認同女兒的心情，就算「從父母的角度來看，兩人之間是有問題的」，仍然不至於單方面反對兩人的交往，也會克制撕裂兩人關係的言論。

假設母女演變成對立關係，女兒就會認為：「找爸媽談又會吵架，他們還會反對。」結果就為了面子決定獨自努力。

如此一來，萬一女兒發生什麼不好的事情，母親也無從得知，發現的時候女兒可能已經陷入更艱難的狀況了。

對父母來說，孩子受苦的時候卻無法出手幫忙，才是殘酷至極的不是嗎？

如果親子間能夠建立信賴關係，女兒能夠輕鬆說出男朋友的事情，萬一有什麼狀況時也能夠找父母求助。女兒在這種關係下，比較能夠聽得進母親的想法，母親當然也能夠放心。

不管三七二十一地否定、傷害女兒的心，結果親子鬧到斷絕關係，還不如至少建立深刻的羈絆，讓女兒「遇到事情時能夠找父母商量」才是最重要的。

第4章

發現自己的「言行模式」

1 當母親提出無理要求

無奈接受是戰火的開端

本書一開頭就有提到，最容易造成親子關係惡化的，就是親子採取相同的言行模式。由於孩子會從父母身上學習，因此這樣的情況可以說是很常見。

本章將著眼於**這種言行模式，更具體地探討改善親子問題的突破口**。

假設母親對女兒說：

「我今天要去買東西，妳開車載我去吧。」

由於今天是休假，女兒原本打算悠閒待在家中，要出門就得整理妝髮，當然也不能穿著居家服。雖然覺得這麼做很累很麻煩，但基於不想讓母親失望的「乖孩子」心理，還是無奈地接受了。

即使女兒按捺自己的情緒回答「我知道了」，也會表現出明顯不願意的表情或態度。

母親看見女兒不情願的表情，難免會覺得失望。發現女兒對自己的負面情緒，會讓母親覺得受傷。

儘管如此兩人還是一起出門了。

開車途中女兒突然緊急剎車，母親立刻以平常用慣的語氣指責女兒：

「妳在發什麼呆啊？開車不好好看前面很危險耶！」

母親的心中原本就因為女兒不高興的態度有疙瘩，只是一直悶在心裡沒有發洩，這次的緊急剎車正好提供發洩的機會。

當然，在這個家庭成長的女兒也學到相同的言行模式，立刻頂嘴：

「妳很囉唆耶，人家開車的時候妳在旁邊吵不是更危險嗎！」

像這樣情緒化地你一言我一語，已經是兩人固定的相處模式了。

到達目的地，兩人都是怒氣沖沖地下車，所以就把怒火宣洩在車門上，「砰」地一聲重重甩上車門。

女兒雖然很火大，還是帶著壞情緒煩躁地等待母親購物。

然後在母親回來時，逮到機會說出會重啟戰火的話語：

「妳怎麼那麼慢？怎麼不想想我在這裡等妳？」

母親也對女兒感到抱歉，因此買了女兒喜歡的東西，儘管如此，女兒還是說著：

「用這種東西就想讓我消氣，我才不會中計咧！」

結果母親買的東西，反而加劇兩人的爭執。

要優先處理母親不合理的要求？
還是優先看待自己的想法？

無論是誰吵贏，剩下的都只有罪惡感

由於母女都使用相同的言行模式，所以爭執會持續到某一方讓步為止，沒人讓步就會永無止盡。因為雙方都堅決不願意道歉，也不知道中斷爭執的方法。因此兩人都是非要吵贏為止，這種為了牢牢握主導權而講究「輸贏」的做法，正是父母教給孩子的。

而父母也是從自己父母身上學到的。

但是父母卻絲毫沒有察覺，自己對女兒做出的事情，和以前「父母」對自己的所作所為相同。於是不知不覺間，就將上一輩做的事情重演在女兒身上，並讓女兒繼承相同的做法。

當然，這樣的做法不可能讓心情感到輕鬆，就算其中一方獲得勝利：

「今天把對方打得落花流水！」

也不會因為「我贏了！」感到滿足，反而背負著「深深傷害對方」的罪惡感。這種贏了反而自責的情況，在親子之間遠比其他關係更加嚴重。

這樣的做法不會讓心靈感到滿足，只會讓負面情緒揮之不去，讓日後的小事都成為導火線。每次的負面情緒也都會化為新的疙瘩。

以自我為中心者會這樣說

以自我為中心者，這時會怎麼做呢？

首先，以自我為中心者在做事情時，會**以自己的情感、情緒與欲望為基準**。

因此兩人到達目的地，女兒會聚焦於自己的情緒，注意到自己很火大。繼續待在這裡等母親購物，就得一直忍耐著滿腹怒氣。

維持如此狀態，遲早會再點燃戰火吧？

想要脫離如此相處模式的方法之一，就是到達目的地後，女兒優先重視自己的情緒，爽快地回家：

「不好意思，我要先回家了。」

這麼做雖然會對母親造成困擾，但是與其滿腹怒氣地在這裡空等，不如按照自己的想法做事，讓心情恢復開朗。

此外，只要決定好「要以自己的情緒為優先」，就不會使用帶刺的表達方式。

這麼做也可以給母親一個反省的機會。

或許母親也能夠坦白道歉，扭轉整個局面。

「我知道要求妳載我出門時，忽視了妳的想法，我沒有考慮到妳，真是抱歉。」

像這樣坦白說出口，母親自己的心境也會比較輕鬆。

女兒心裡的防備，也會隨著母親體諒自己的言語鬆緩下來。

這些表達方式的難度或許偏高，但是如果女兒知道父母「經常不能夠體察他人心情」，或許就該學著主動說出這些話。

當母親用強制的語氣要求「載我」時，如果能夠優先看重自己的想法，大膽地拒絕就好了。

「這樣啊，但是抱歉，我上班太累了，今天想要在家裡休息。但是我明天下午沒事，到時候可以載妳去。」

沒有辦法優先看重自己的心情，「一邊忍耐、一邊不甘願地遵從對方」正是痛苦的來源。這樣的言行模式，也是「以他人為中心」者容易在人際關係中出問題的特徵之一。

2 當煩躁的母親提出指示

對孩子的控制欲

很多人都主張自己是正確的，希望他人理解自己。但是我們每個人都只能從自己的視角去看待事物，無論多麼努力客觀公正，最終看到的事件與現象都出自於自己的視角。因此請各位理解，我們的想法其實從一開始就帶有「偏見」。

以家庭常見的光景為例，女兒放著房間散亂，完全不打算整理，讓母親煩躁不已。母親主張道：

「把東西拿出來的人要負責收好，這是天經地義的不是嗎？」

這個主張沒有問題。

但是母親又帶著火氣如此說道：

「那些東西都是妳自己拿出來的吧？為什麼不整理？快點，馬上收好！」

她邊說著邊以不滿的態度，打算收拾女兒的所有物。

這時女兒肯定會這麼想吧？

「天哪，又開始了，為什麼我做的每件事情都要干涉呢？每次都憑自己的心情命令別人做東做西的！」

當然，女兒的態度與表情都看得出如此想法，同時也很不高興地以責難語氣說道：

「我自己會收啦，妳放著就好。」

聽到女兒不願照著自己意思做事，讓母親一肚子火。

另一方面，困在「整理」這個一般常識的母親反駁道：

「叫妳收個東西也要拖拖拉拉的！妳每次都是說說而已，從來沒有實際動手不是嗎？」

於是愈來愈反彈的女兒就更加不滿了。

而且母親邊整理，還邊說著刺耳的話：

「更何況這裡亂成這樣，妳要我不整理根本是不可能的事情！」

「你一個女孩子怎麼可以這麼髒亂、懶惰！」

母親就這樣從一開始擅自觸碰、收拾女兒的所有物，闖進女兒的房間裡打掃，最後不只物質方面，連心靈方面都擅闖女兒的領域。

這樣的父母是無法理解「認同對方」這件事情的。

而且最後還無視孩子的心情，忍不住說出：

「我都幫妳整理了，妳至少也該心存感謝吧？」

是否聽得出母親說話中真正的含意？

孩子的感覺已經麻痺

從彼此「認同對方自由」這個原則來看，女兒有自由決定如何運用房間。無論這個房間在母親眼裡多麼雜亂，母親都不可以在未取得女兒同意的情況下收拾。

事實上不僅母親如此，或許連女兒本身都無法明確劃下界線。由於母女已經養成習慣闖入彼此領域的關係，所以彼此都看不見界線。

請各位回想自己的人生——身為女兒的妳，是否不管做什麼事情，父母都會不斷地介入、干涉呢？

想要依自己的步調進行，父母會催促：

「妳這麼悠哉來得及嗎？」

就連交友方面也是如此……

「妳朋友剛才有打電話過來，不趕快回撥好嗎？」

正在尋找今天想穿的衣服時……

「那件衣服我已經幫妳拿去洗了。」

明明是不想要的東西，卻被父母強行塞過來……

「我已經幫妳買了，妳就用這個吧。」

如此的相處模式，肯定從妳年幼的時候就開始了。

「我不是跟妳說過不可以吃這種零食的嗎？」

年幼時，母親肯定曾否定或禁止過妳想做的事情吧？

妳在晚飯後想把餐具拿到流理台，母親卻對妳想幫忙的心情潑了冷水……

「哎喲，都灑出來了！這塊地毯是我不久前才剛買來換的耶！」

「妳會不會啊？真是幫倒忙！」

不管妳努力想做什麼事情，父母都會給予負面評價，甚至奪走妳想努力的事情，打算自己處理：

「妳這種做法不行！來，我幫妳，要這樣做才對！」

這些真的都是「為妳好」嗎？

妳對母親的作為煩躁甚至火大，都是理所當然的。因為妳從很小的時候開始，就是被母親如此傷害到大的。

但是這邊要再重申一次，母親其實從未注意到自己同時侵害了孩子的物質面與精神面，因為母親也是從小就被「自己的父母」如此對待。

不如該說，大部分的母親若在成長過程中覺得辛苦，就會不希望自己的孩子與自己一樣辛苦。

因為不想讓女兒經歷與自己相同的悔恨，所以母親會插手女兒的每一件事情，說著：「妳要這樣做才對！妳應該那樣做！這樣是不行的！那樣做也不行！」

或者是將自己想做卻沒做到的事情託付給女兒，於是下達指令：

「妳去學某某才藝！妳應該念某某科系！」

母親面對如此情況時的固定台詞，就是**「為妳好」**。

「我這麼做都是為妳好，那麼做也是為妳好。」

「就是因為不希望妳像我那麼辛苦，我才會這麼說的。」

確實，母親自認為所作所為都是「為了妳」。

母親這些以愛為名的控制，其實潛藏著對「自己父母」的執念：

「我的父母曾經對我這麼做，所以我不這麼對妳做，心情就難以舒暢。」

母親會像這樣無意識地「報復」在女兒身上，就是因為母親自己也是從孩提時代，就受到父母的支配與掌控，當時受過的傷至今都還沒痊癒。

但是或許母親至今仍深信著，自己父母當初的所作所為是正確的，所以才會用相同的方法對待自己的女兒。

當然有一部分的理由，也是因為母親只知道這種從「自己父母」身上學到的方法。但是也有可能，母親本身就打算使用「錯誤的方法」。

所以就算母親懇切期望著：

「我不希望女兒擁有與我相同的遭遇。」

「我不想變得像自己的父母一樣。」

卻又無法如願。

甚至是明知自己也曾經在父母的如此對待下受傷，仍使用相同的方式傷害自己的女兒。

要我說的話，這些行為其實已經成為「**家風**」，深深地烙印在母親的體內了。

3 在職場上請別人做事情時

是否曾觀察對方的態度與表情呢？

「家風」不只會對家庭產生影響，這些在家庭內發生的事情，同樣會出現在職場上。舉例來說，身為女兒的妳在職場上請後輩做事情：

「可以幫我查一下這個嗎？」

這時妳理所當然地認為：

個人言行舉止是否與自己父母相同

「我已經交代給他了，所以對方應該會馬上幫我處理。」

而且在請對方做事前，也沒問過對方是否方便，儼然與自己的母親相同。這時的妳滿腦子只有「要請對方查的事情」，完全沒有注意到對方的態度與表情。

如果具有體察對方想法的「共感力」，或是解讀對方表情與態度的「感受力」，就能夠注意到對方是明快地接受？不甘不願地接受？是否覺得困擾？

但是從一開始就認為「後輩幫我做事情是應該的」，讓妳根本看不見對方的感受，也察覺不出對方的想法。

無法注意到對方的態度與表情，不只會傷害到對方。因為對方沒辦法回應妳的期待，所以還會反過來「傷害到自己」。

所以，若妳請後輩協助自己的工作，試著這麼表達如何呢？

首先問問妳的後輩：

「能不能幫我處理這個呢？」

「妳說哪部分呢？」

「就是這部分，你方便嗎？」
「我看看喔。」
「沒錯，我今天必須完成這份工作，但是好像來不及了，不知道你方便幫我嗎？」
這時後輩說「請等一下」，思索自己的行程，回答道：
「原來如此，我知道了，我可以處理。」
對方願意接受讓妳放下心中的大石頭，於是便能夠詢問具體的時間：
「你覺得什麼時候可以完成呢？」
「我要在幾點前查完告訴妳才來得及？」
「儘量在下午兩點之前，你可以嗎？」
「我手頭上有個很急的工作，不過如果只有A這個部分，我應該可以在下午兩點前處理完。」
「真是幫了我大忙，那麼A這部分就麻煩你了。」
「好的，我知道了，這部分我沒問題的。」

對方當然有拒絕的自由

這裡的妳能夠理解後輩的立場，也了解後輩可能會拒絕，這是因為**妳認同後輩有「選擇的自由」**。不管委託他人做什麼事情，「對方有拒絕的自由」這個認知，可以說是基本中的基本。

但是當親子關係演變成「支配與被支配」的關係，在這部分就會出現錯誤認知。支配者從一開始就會**認為「對方會遵從我的指示」**，所以就會不分青紅皂白地說：

「哈囉，我上午拜託你做的那個很急，你查完了嗎？」

「不，還沒……」

後輩回答到一半，妳就會忍不住橫眉豎目：

「什麼？還沒？」

接下來的流程就和在家中司空見慣的一樣。

「我很困擾耶！你不趕快處理，我就要來不及了。」

「但是妳沒有說馬上就要……」

「這種事情一般不用我講，你也該知道吧？」

就算演變成這樣的結果，妳也必須了解，未經後輩同意而單方面將工作丟給對方的人，就是妳自己。

沒有好好確認時間的人，也是妳自己。

「但是他可以拒絕啊！他如果主動確認時間，就不會發生這種事情了吧？」

妳或許會想如此喊冤。

確實如此，但是在「支配與被支配」的關係中，面對強行提出要求的支配者，要「拒絕」是非常需要勇氣的。

「妳根本就沒有給我決定執行時間的餘地！」或許後輩也很想如此抱怨吧。

4 理解原因就能獲得救贖

不適當的言行模式，不是自己的錯

支配者從一開始就不顧對方的領域界線，擅自闖入，卻毫無自覺，結果還會反過來認為對方無視自己，甚至覺得遭到背叛。

但是其實是自己一開始就沒有顧及對方的立場，強行要求對方按自己的想法做事，甚至還可能表現傷害對方的言行。

沒有注意到是自己這方面的問題，就會覺得「對方有問題」，最後讓自己的心靈更加受傷。

也就是說，其實**「是自己帶來這些傷害自己的事物」**。

這樣的情況源自於自己從家庭環境或社會環境學到的特定言行模式。這些言行模式雖然在自己家裡行得通，出去外面卻可能會碰壁，這是因為家人與外人間有決定性的差異。

不少人都是在外面碰壁，才意識到「自己的家庭」是有問題的。

「不是自己有錯，是因為不知不覺從家庭學到不適當的言行模式，才會造成問題。」

不少人都承認，注意到這個事實能減輕自責感，覺得「獲得了救贖」。

不管是家庭上或是社會上，尊重「我的自由」與「對方的自由」，都是人際相處的基本守則。

面對五花八門的場景，只要掌握這個「絕對原則」，就可以避免大半的問題與紛爭——這麼說一點也不誇張。

第5章

珍視自己
更勝於父母的方法

1 看著自己而非對方

經常注意「關係性」

上一章有提到，女兒與母親發生的爭執，不會只出現在家中，相同的言行模式同樣會搬到學校、職場，不僅會引發類似的問題，還可能傷人又傷己。

但是儘管很多人都因此受傷，卻不知道該怎麼迴避。

愈是想用自己熟悉的方法解決問題，愈是容易空轉，甚至火上加油，這樣的案例並不少見。

無法與人溝通，感覺走投無路。

在家裡受傷，外出也受傷，而且還因為找不到解決方法而陷入絕望。甚至有人受到家庭內外的「交互作用」影響，使親子間的爭執更加熾熱。

女兒雖不滿父母的干涉與控制，但在社會上尋找對象時，卻很容易下意識尋找形象與自己的母親、父親或兄弟姊妹中重疊的人。

這是因為不管家人間的關係健全與否，與家人相似的氣質更令自己感到熟悉親切的關係。成長於互相尊重的家庭，就會自然親近這種作風；成長於互相責怪的家庭，則會靠近習慣責怪他人的對象；在怒吼中成長的人，當然也比較習慣聽到怒吼。因為家人之間，就是以這種關係互相親近。

因此在社會上遇見與家人相似的人，親近感會自然湧現，讓人不禁加以關注對方。如果對方又進一步表現出與自家人相同的言行模式，當然會更加在意對方。

無論是正向關係或負面關係，只要開始在意對方的言行，就很容易像被磁鐵吸住一樣，忍不住靠近。

這時登場的就是**「關係性」**。

責怪他人時看不見自己

不用說，這裡提到的「關係性」，當然是「我與對方」間的關係。

用文字表達就像在說廢話，不過其實很多人平常在行動時，都會忘記所謂的「關係性」。尤其是**以他人為中心者，因為總是把注意力放在他人或外界身上，像這樣一味地留意外界，而對他人的言行特別敏感。但是另一方面，卻完全看不見自己。**

舉例來說，母親煮飯的時候，女兒在客廳玩手機。

於是母親責怪女兒道：

「妳整天只會玩手機！少在那邊打混了，都不會主動幫忙嗎？」以他人為中心者總是看著他人，習慣以「你」開頭的方式說話，所以總會脫口說出類似這樣的言論。

母親或許因為工作與家務感到疲憊，還是強撐著繼續煮飯，認為自己「不這麼做不行」，於是日常中就充滿了「都是我在做」的感覺，愈來愈覺得不公平。

懷抱著如此不公平感，又看到女兒悠哉玩手機的模樣，就覺得不能容忍。自己強撐著又老是關注別人動向，正是以他人為中心的典型作法。帶著負面情緒看待他人，會使用具攻擊性的表達方式，也是理所當然的。

這時母親的心中會認為：「都是完全沒打算幫忙的女兒不好。」困在如此思緒中的母親，不會覺得自己「正用情緒化的說法攻擊女兒」。

此外，面對一張口就在埋怨的母親，女兒也經常抱持著「嫌囉嗦」的情緒且無從宣洩。於是女兒心中就會認為：「都是整天埋怨的母親不好。」

這時女兒心裡同樣有著強烈的忍耐感，認為自己「必須當乖孩子」、「不這麼做不行」，只好關掉手機起身，即使覺得母親的埋怨很煩，仍然「不得不遵從」，因此自然會表現出「不甘願」的態度。

這種「不甘願」同樣會引起母親不滿，再度使用責怪的表達方式：

「妳在磨蹭什麼啊？還有，幫我把這個放這邊，妳看到就該自動自發了不是嗎？」

互相攻擊的負面循環

母親總是以他人為中心，所以困在「忍耐」的情緒當中，沒發現自己不斷使用責怪他人的表達方式。

母親基於「忍耐」情緒說出的話，女兒同樣基於「忍耐」情緒接下，於是就會對母親責怪的語氣有所反應，忍不住想回以責怪的語氣。

這時的母女都只專注於對方，並且對彼此抱持著負面情緒。所以其中一方說出攻擊性的言論，另外一方就會回以同樣的攻擊。以他人為中心的程度愈嚴重，就愈容易演變成如此發展。

而且**雙方都覺得「是對方的錯」，完全沒注意到自己是用「什麼樣的態度、表情與表達方式」應付對方**。

眼中塞滿了別人的事情，完全看不見自己，指的就是這種情況。眼中看不見自己而缺乏自覺，會不禁事事都想怪罪於別人。

母女關係發展到這個程度，雙方都已經習慣了以他人為中心的表達方式，因此這種互動對她們來說是「家常便飯」。如此一來，更難注意到箇中問題。

此外，若母親氣勢遠比女兒兇猛，女兒最終就會因為反抗不了而放棄，像失去靈魂一般，只剩一個空殼默默地遵從母親。展現出放棄自己人生的模樣。

就算沒發展到這個程度，要是女兒選擇沉默「不遵從」，變成無視自己的母親。如此一來，就算彼此同住一個屋簷下，也不會有所交流，甚至可能會避免碰面，既不交談也沒有任何接觸。

實際上確實有這樣的家庭，因為大家都疲於爭執，結果即使維持家庭這個型態，實質上大家都各自孤立，家中充斥著殺戮氣息。

這種家庭有不少「消失的父親」，父親通常不太回家，就算放假在家也不太跟女兒聊天，或是找許多藉口離家。

雙方都沒注意到
自己在攻擊對方

親子都對彼此的言行非常敏感……

2 保持耐心，持續以自我為中心的說話方式

比較不容易引發戰火

繼續探討剛才的例子，如果母親「以自我為中心」，一開始便會注意到自己的心情：

- **・希望對方理解自己的辛苦。**
- **・希望對方協助家務，並且希望由女兒主動提出幫忙。**

將這樣的想法化為言語，理應是這樣的：

「我要兼顧工作跟家務很累，希望妳可以幫忙。」

覺得這種說出自己心情的表達方式太難，也可以先察覺自己情緒，再坦率地請求協助：

「我希望妳可以幫我。」

如果這時母親心中藏有「我很辛苦，妳當然要自動幫忙」的想法，就等於「不認同女兒的自由」。母親應該要知道，這種說法會傷到女兒。

更討喜的說法則是提出**「具體的請求」**。

「可以幫我把這個盤子拿到桌上放嗎？」「請妳把桌子擦一擦。」

客觀來看，以自我為中心的表達方式，獲得對方協助的機率，遠比用以他人為中心的方式「要求對方遵從自己」還要高得多。

相信母親自己也會發現，選用這種表達方式時心情會比較舒暢，此外女兒內心也會湧現「幫助母親」的成就感，因此較容易發展成雙贏的局面。

學會使用這種表達方式，自然能夠對女兒表達感謝：

「謝謝妳幫我。」

「自己主動改變」是最快的捷徑

那麼女兒又該如何應對比較好呢？或許女兒可以**確實表達自己的狀況**。

「我這個（手機）完成後就去幫妳，等我五分鐘！」

幫忙的過程中也**不能少了確認這個程序**。

「我把這個盤子拿到桌上喔？」「我用這條抹布擦桌子喔？」

因為這是種「徵求對方同意」的行為。

或許母親仍舊會使用責怪的表達方式：

「這種事情不問也知道吧？」

女兒這麼努力想要構築良好的關係，卻得到這種回應，肯定會覺得受傷。但是坦白說，**指望母親使用適當的表達方式，是不可能的事情，所以說出這些話時請以「不能指望母親」為前提。**

就算母親回應態度不佳，仍應秉持著耐心，一次又一次地持續這種以自我為中心的表達方式，相信母親會慢慢產生變化的。這是母親受到潛移默化，從女兒的言行中「學習」到的。

站在女兒的立場，腦中肯定盤旋著這樣的想法：

「明明傷人的是母親，為什麼我得退讓？」

這時請捫心自問，是想與母親繼續維持這種爭執關係呢？還是希望結束這種關係？若想為這種苦悶的關係畫下句點，勢必有一方得學習新的做法並實踐。

原本應該由母親自省並改正的。

但是連「認同對方」這件事情都難以理解的母親，很難實現這個目標。如果母親連這部分的腦部迴路都已經關閉，那麼恐怕連女兒的主張都難以理解吧？

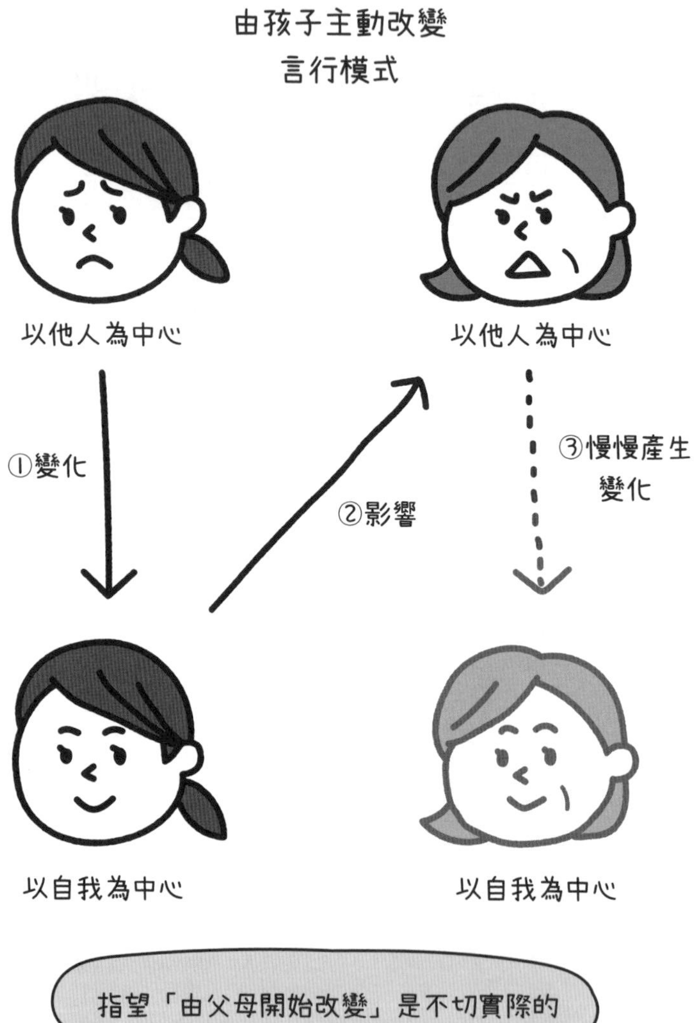
由孩子主動改變
言行模式
以他人為中心
以他人為中心
①變化
②影響
③慢慢產生
變化
以自我為中心
以自我為中心
指望「由父母開始改變」是不切實際的

3 忍耐不能讓你變強

痛苦的親子關係與黑心企業

家庭是由夫婦、親子、兄弟姊妹、祖父母這樣的家人組成，必須在構築個別關係之餘，又將個別關係整合在一起，以保持整個家庭的平衡。

「社會」這個龐大的單位亦同。

保有適當的平衡，能夠形成良好的家庭或良好的社會，但是如果是以扭曲的型態勉強維持平衡，就會發生相應的問題。

舉例來說，日本社會的典型家庭形式，就是母親默默忍耐、遵從父親，並向女兒傾訴自己的委屈。這樣的相處模式與現代的年輕夫婦不同，但是不少現代的年輕父母，都成長於這樣的家庭形式。

接著將這個狀況轉換到社會上，就變成「自己默默忍耐、遵從主管命令，並向同事抱怨或是惡言相向」。

從另一個角度來看，正是因為有這樣的相處模式存在，黑心企業才能夠成為黑心企業不是嗎？

換個說法，**支撐黑心企業的，正是「自己默默忍耐著遵從主管命令，並向同事抱怨或是惡言相向」這種心態**。

日本人以他人為中心的心態比其他國家還要嚴重，總是費盡心思遵從外界規範與規則，遵守慣例或常識，想辦法讓自己符合外界的標準框架。日本人會依照這個框架去努力達成，好像不符合的話就「沒資格活著」。

其實這麼說應該更適合——就是因為極度負面的思考方式，讓人受到「沒資格活著」的不安與恐懼驅使，進而陷入這種情緒當中。

這邊要再重複一次，人們基於這樣的心態，忽視自己的情緒、情感與欲望，努力想依社會上的標準框架過活，就會演變成「默默忍耐、遵從他人」的生存方式。

此外愈是深陷這樣的生存方式，在這個競爭社會中就會愈執著「勝負與優劣」的爭奪，對自己評價也會愈來愈低。因為一旦讓競爭輸贏或優劣融入生活，感受到「比別人差」的機會遠多於感受到「贏過他人、比別人好」。

像這樣整天都覺得自己「比別人差」，就會覺得自己被逼到無路可退。

「想要在這麼嚴苛的社會中倖存，就必須默默忍耐，並遵從他人。」秉持著如此恐懼感，無論身處多麼惡劣的環境，仍會覺得「自己只剩這裡了」而死抓著不放。

一旦困在這樣的想法中，「被逼到無路可退的感覺」與悲愴感會不斷擴大，無論自己承受著多麼大的痛苦，都會選擇不斷降低對自己的評價。

「要是被這間公司開除，就不會有人要雇用我了。」

但是**這樣的忍耐是絕對無法讓自己變強的**。

因為這種忍耐的基礎是恐懼。為了避開恐懼而忍耐當然無法變強，更遑論培養自信。不如該說，這種忍耐只會不斷放大恐懼而已。

如此一來，就會變得更無法信任他人，滿心的猜忌讓自己陷入孤立，人際關係當然會愈來愈差。

4 父母的埋怨是「同情的支配」

埋怨是將無力感灌注給孩子的行為

這種忍耐著黑心企業的模式，就如同「母親默默忍耐、遵從父親，並向女兒傾訴自己的委屈」。

舉例來說，「向他人傾訴委屈」其實表現出當事人害怕「面對」問題。

當事人不會意識到這個事實，總是粗線條且口無遮攔的人更是如此。

從旁觀者的角度來看，或許會覺得難以置信。

「你們都吵到我這個旁觀者會怕的程度了，還說妳害怕面對面處理事情？」

其實當事人會做出這些事情，**就是害怕「面對」問題來源，無法直視問題而逃避的模樣**。

比如母親因為害怕與父親正面交鋒，所以直接聽從父親的指示，就不必感到害怕了。像動物齜牙裂嘴般威嚇著他人，也是基於這樣的想法：

「只要情緒化地脅迫對方，對方肯定會遵從自己，畢竟我曾經成功過。」

儘管這麼害怕「面對」，當事人卻毫無自覺，這是因為**他們連察覺自己「正在恐懼」這件事情都不願意認同**。

也就是說，當他們怪罪、埋怨他人，等於在向自己灌輸「我沒有能力與人正面交鋒解決問題」。

因此母親持續傾吐與父親相關的埋怨，等於一直在灌輸自己這樣的觀念：

「我沒有能力與丈夫面對面解決問題，所以只能默默遵從並向女兒訴苦。」

母親情緒化地對自己灌輸「無力感」，而成為母親負面情緒垃圾桶的女兒，心裡同樣深深烙印著如此無力感。

聆聽母親埋怨的女兒，會下意識地這麼思考：

「啊，原來如此，母親會埋怨是因為憑一己之力難以解決問題，原來和人面對面討論是這麼可怕的事情。」

於是母親的埋怨成為對女兒灌輸無力感，此外女兒也會在無意識間有此體認：

「確實是如此，父母在討論事情時總是很情緒化，甚至會互相怒吼。看來面對面討論真的非常可怕，不想遇到這麼可怕的場面，就只能默默遵從並忍耐了。」

且女兒會開始同情母親：

「所以母親當然會對我訴苦，我必須理解母親並傾聽她的心聲，成為她的後援才行。」

我將此稱為**「同情的支配」**。

因為母親就是藉由「向女兒訴苦獲取同情」支配女兒，使女兒成為自己的同伴，依自己的心意行事。雖然不想遵從丈夫，卻又害怕與丈夫面對面談判，因此母親無意識間便使出如此巧妙的策略：

「拉攏女兒，我們兩人一起對抗丈夫。」

當然，追根究底還是「爭奪勝敗的心態」，這麼做最起碼能夠讓父親沒辦法與「母女」建立良好關係。

訴苦本身就是目的

日常生活中體驗到的「實際感受」，會比我們以為的更深刻烙印在心中。

「同情的支配」結構

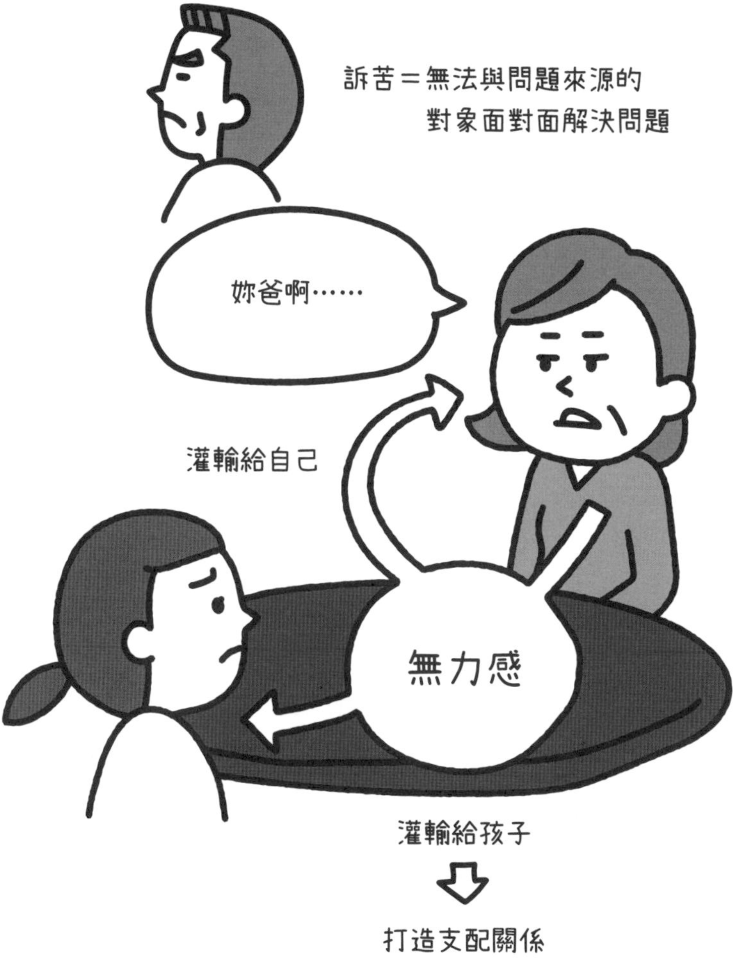
訴苦＝無法與問題來源的
對象面對面解決問題
妳爸啊……
灌輸給自己
無力感
灌輸給孩子
打造支配關係

因為這些伴隨著情感的經驗都極其逼真，所以實際獲得的感受可能強烈到足以改變人生。

而且這個範例是母親透過「同情的支配」，讓女兒背負著比母親所承受更重的負擔。

女兒每天不斷地聆聽母親的埋怨。

如果女兒年紀還小，處於最敏感也最渴望父愛、母愛的時期，但是聽母親訴苦，卻讓女兒反過來承擔「父母的角色」，這被稱為「親子角色逆轉」，本來應該是父母在孩子成長時期傾聽孩子的困難與抱怨，此時親子角色卻顛倒了，變成孩子聽父母訴苦。

這段期間的女兒沒有父愛母愛這類正面體驗，以「可憐的女兒」身分慢慢長大。當然，在這種教育環境下成長的女兒，也會擁有缺乏愛的負面世界觀。

女兒就在心靈空虛的情況下，將傾聽母親訴苦誤以為是種愛的表現，因此無論覺得聽母親埋怨有多「辛苦」，仍深信自己「必須傾聽」。因為女兒已經將守護母親當成自己的職責。

然而，母親的埋怨卻毫無建設性，絲毫不可能解決問題。「訴苦」通常沒有在追求問題的解決。因為訴苦的**目的就是訴苦本身**。只要向女兒訴苦，就能把負面能量一鼓腦倒給女兒，還能讓女兒成為自己的同伴，所以母親當然不能放棄訴苦。

但是母親想要透過同情的支配，與女兒融洽相處一輩子幾乎是不可能的事情。如前所述，雖然女兒在這段母女關係中屬於被支配者，但是也會學會母親這種支配他人的做法。

就算這樣的母女問題並未浮到檯面上，壞處仍會慢慢地滲透到女兒的一般人際關係或職場關係中。

這種作法在家庭這個小小單位中還算堪用，畢竟母親就是用這樣的方法成功控制女兒、將父親排除在外，但是在一般人際關係與職場關係中卻是行不通的。或許一開始會吸引到成長於相同環境的同事，卻會構築出扭曲的人際關係，不是整天聽同事埋怨，就是女兒自己一直向同事訴苦。

然而女兒與同事間的關係不像與母親那麼緊密，遲早會有一方對如此相處模式感到窒息，彼此間的關係一旦遇到契機就會開始變差。一般來說，這個造成關係瓦解的契機都是「紛爭」。

和家庭外的人反覆發生這樣的狀況，女兒終於意識到自己的做法有問題。

畢竟這樣的關係性一點也不特殊。

默默遵守上位者的指令並忍耐著，內心塞滿了不平與不滿，和同事互相訴苦、破口大罵甚至是互相批評，這都是社會上屢見不鮮的景色。

不是說這些事情本身不好，只是若像這樣滿嘴都是負面言詞，「只能忍耐遵從」的無力感與「把需求說出口很恐怖」的恐懼感，就會慢慢在內心茁壯。

再說得更明白一點，讓這種無力感與荒誕感擴大的負面心態，很遺憾地已經成為現代社會結構的基礎。

5 「痛苦的感覺」就是判斷基準

就算自己是「正確的」仍無法解決問題

前面介紹過，我們很容易忘記自己存在於「與他人的關係性」當中，只能從「對方有錯」這種單方面視角看待事物，而這種傾向愈嚴重，就代表以他人為中心的程度愈高，那麼這樣的人就愈難認同造就這些負面關係性的人「正是自己」。

而且**總是覺得「對方有問題」的人，往往會以為只要對方與自己分出「對錯」，就能夠解決問題。**

就算真的是「對方有問題，自己是正確的」，像這樣分出對錯仍不見得能解決問題。尤其是母女關係中，就算女兒很努力主張自己的正當性，且女兒的主張也確實是正確的，仍然沒辦法改善母女關係。歸咎「對錯」這件事，沒辦法消除紛爭。

因為就算決定出「對錯」，**最根本的目的不過就是「和對方一決高下，以取得勝利或優越的地位」**。

自己學會的言行模式不適當，就會建構不適當的關係——這件事情本身才是問題。

但是就算深陷如此狀況，只要能夠學習應對方法，就算從客觀角度來看是對方的錯，也能夠在避免與對方正面衝突的情況下，沉澱或緩和問題，改變整個事態發展。

你有拒絕的自由

前面介紹的案例有提到，女兒受到母親「同情的支配」束縛，認為一味聆聽母親訴苦就是愛的表現，要是不這麼做，就會有強烈的罪惡感襲來。另一方面，女兒也會因為在與同事相處中，嘗試運用與母親相同的方法，卻沒辦法順利發展而感到苦惱。

為什麼會演變成如此結果呢？

這是因為女兒放棄了人類的基本權力「我有拒絕的自由」，這等於是在「自我傷害」。像這樣把自己的情緒、情感與想法拱手讓人，聽從他人支配，等於是在重重打擊自己。

以自我為中心者，很重視**自己的感受**。判斷事物時會以自己的情緒、情感與想法為基準，按照自己的感受判斷事物。

舉例來說，女兒受不了聽母親訴苦的時候，可以將自己的內心「痛苦」視為基準。既然自己覺得痛苦，繼續忍耐下去等於是在傷害自己。

此外，將**「我有拒絕的自由」**視為處事基礎，此時要是因為不聽母親訴苦而產生強烈的罪惡感，就能夠判斷這是「假的罪惡感」。而這份罪惡感正是自己的心靈受到束縛的證據。

如果女兒對這兩點能有明確的認知，就能夠判斷自己沒有義務聽母親訴苦。能夠做出如此判斷，自然能夠減輕罪惡感。

一旦發現自己「有拒絕的自由」，或許就能夠下定決心：「我以後再也不要聽母親訴苦了！」當母女關係非常緊密，這樣的決定不只能夠拯救自己，連母親也能夠獲得救贖。

女兒學會將自己與母親的問題分開思考，建議母親：

自己覺得痛苦的時候，
就是拒絕的時候

任何時候都有拒絕的自由

「我希望妳可以直接告訴父親。」

這時可以再補充一句：

「我不介意陪妳一起努力，直到能夠對父親說出口為止。」

或許女兒覺得，只要能夠控制在自己不會痛苦的程度，偶爾聽母親訴苦也無妨。

只要女兒能自覺「有拒絕的自由」，即使下次聽到母親訴苦，也能夠設好停損點，隨時拒絕接受負能量。

「聽妳抱怨讓我壓力好大，今天就到此為止吧。」

「實際做法」的正確答案不是只有一個，我們可以依照自己的想法決定。

此外**這樣的「實際做法」既是「重視自己」也是「尊重對方」**。

第6章

改變立場，
心態也會跟著改變

1 掌握自己的言行模式

了解自己的言行模式，有助找到解決問題的線索

我們遇到任何問題，都會想要找出原因或理由。

但是就算我們找到原因與理由並試圖解決，卻往往沒辦法順利實現目標。

舉例來說，上班或上學總是遲到，很多人會將出門時間往前推，認為：

「既然如此，早點起床早點出門不就好了嗎？」

因此有些父母或老師就會如此「嘮叨」著：

「早睡早起吧！」

但是或許造成當事人遲到的原因，並非早睡早起的問題，而是父母或老師不斷叨念著早睡早起所造成的。

因為父母或老師的「嘮叨」不會只用在「早睡早起」這個狀況上，他們除了「嘮叨」這件事情外，還會「嘮叨」生活中各種狀態。這種負面做法造成的結果，尤以「遲到」最為顯著，才會讓人覺得當事人總是在遲到。

如果老師或父母無法意識到這個情況，總是嘮叨著要求孩子早睡早起，可能會使「遲到」這個問題益發嚴重。

這種過去一直「被叨唸的問題」，會逐漸成為自己固定的言行模式，結果出社會後還是繼續「上班遲到」。

像這樣從「言行模式」的角度來看待，即使是複雜的問題，也能找到解決的靈感。

甚至可以說，生活中乍看數之不盡的問題，**追根究柢都可能源自於少數的幾種言行模式**。

言行模式決定結果

這邊再重申一次，自己身上的言行模式，有大半都是從家裡習得的。反過來說，也正因都是源自於家裡，所以只要仔細探究其中一個場景，就有機會了解自己的言行模式。

如果言行模式已經固定，就不只會出現在單一場景，不管是家庭、職場或人際關係，都能發現自己是按照什麼言行模式在行動的。

當然，相同的言行模式出現在不同環境，不會造成一樣的結果。這是因為言行模式相同，但是對象不同的關係。

家庭具有血親這種「親密的關係」，所以直言不諱也無妨。但是朋友之間無論相處起來多麼放鬆，說話太過分還是會發生摩擦。在職場則可能因為說錯一句話就遭開除，所以就算使用相同的言行模式，導致的結果仍會隨著對象而異。

但是言行模式仍可概分成正面與負面這兩種，正面言行模式能夠帶來正面結果，負面言行模式也會帶來負面結果，這樣的走向基本上不會有太大變動。

言行模式引發的事態都取決於自己，所以結果「相同」的可能性也比較高。

只要自己強烈認為自己的言行模式「必定招致失敗」，那麼自己就會不由自主地將事態導向「必定失敗」。

2 別再因他人言論過度反應

典型負面言行模式

典型的負面言行模式，就是**「因他人的言論過度反應」**，這裡的過度反應是指被他人言論刺激而採取攻擊性態度。這種言行模式不僅容易引發糾紛，還可能擴大事態，是以他人為中心的言行模式中最糟的一種。

以他人為中心，會將自己的注意力放在他人身上，注意對方的言行更勝於自己的心靈，對方有任何言行都會敏感地產生反應。而且特別容易引起過度反應的，是具否定性質的言論。

舉個例子，剛下班的女兒將包包放進自己房間，一邊說「好累」一邊倒在客廳的沙發上。

這時母親就像逮到機會般說道：

「妳說要買的東西，我已經幫妳買好了，妳自己拿回房間吧。」

「我知道了，先放那邊吧。」

女兒瞥了一眼母親買好的東西，隨口如此回應，看起來興趣缺缺。期待女兒表露喜悅並致謝的母親，因為失望又繼續如此說道：

「妳要好好確認有沒有買錯喔！」

聞言，女兒略顯不耐煩地回答：

「我等一下會處理，妳別急啦。」

對此產生反應的母親便窮追猛打：

「妳每次做事情都這樣！」

女兒立刻對母親的「每次」產生反應，反問：

「妳說的『每次』是什麼意思？」

結果母親又說：

「每次就是每次啊，妳看，像現在妳就沒有馬上行動了不是嗎？」

「妳要這樣講的話，我才想抱怨妳每次都一直發牢騷咧！」

就這樣彼此逮到對方的話柄，緊揪著不放，發展成爭吵。而這就是這對母女的言行模式。

想退讓卻退讓不了

「對他人的言論過度反應」是以他人為中心者，不管面對誰、身在何處都會發生的缺點。

對他人的負面言論過度反應的當下，絕對無法回以正面話語。即使如此，已經習慣這種對話方式的母女，就算感到後悔：「我們又吵架了！」也不知道該怎麼改善才好。

日後還是會繼續從對方的言論中，刻意挑出傷害自己也傷害對方的話語。

因為心裡殷殷期盼著「對方理解自己」，最少也抱持著類似感覺，所以才會對彼此吐露「依賴似的」言論，或是使用命令、要求對方的表達方式。

結果實質上卻造成了與對方間的戰爭，雙方交戰時當然不可能用體貼或接納對方的想法回應，更何況以他人為中心者，根本不知道還有別種回應方式。

以這個例子來說，爭執的開端是女兒「沒有表現出母親期待的態度」。

於是就按照兩人習慣的言行模式，抓住對方的話柄，反覆一較高下。對他人的言論過度反應，當然會如此發展。

針對對方的「是非」與「善惡」愈吵愈激昂，最後還非要吵出個輸贏。對他人的言論過度反應，就算爭贏對方或是以情緒化的態度強壓過對方，也可能只是埋下更進一步的禍根，**絕對不可能因此變得友好**。

但是即使雙方理智上都知道這麼做不可能帶來好結果，一旦陷入情緒化的狀態，就會「想退讓卻退讓不了」，而這也是負面情緒造成的極大壞處。

無法帶來滿足感

只要用理智去思考就能夠理解，負面的溝通方式中不存在滿足感。

那為什麼人們還要繼續爭吵呢？

其中最大的原因之一，就是誤以為只要爭贏對方就可以滿足自己的期望。

確實，成績或業績贏過別人會帶來成就感。且每個人多少都體驗過爭贏別人的成就感，或是從爭輸的悔恨中立志一定要贏。

但是在人際關係中，即使用負面溝通方式爭贏對方，也絕對不可能因此拉近關係。

「雙方都感到滿足」是拉近關係時不可或缺的要素。

了解這些道理後，再重新分析這個案例吧。

剛下班的女兒回到家，進入懶洋洋的放鬆狀態。

這時女兒的需求是「好好休息」。

母親卻破壞女兒的需求，還秉持著「我是在幫妳做事」的心態下達指示。

由於母親覺得自己是在「幫女兒做事情」，沒聽到女兒說「謝謝妳幫我」就不滿意，這時「協助的母親」與「被協助的女兒」形成了上下關係。但是母親絲毫沒注意到，覺得這是種親切的表現。

女兒平常就對母親這種單方面「幫妳做」的態度很不耐煩，因此別說感謝，

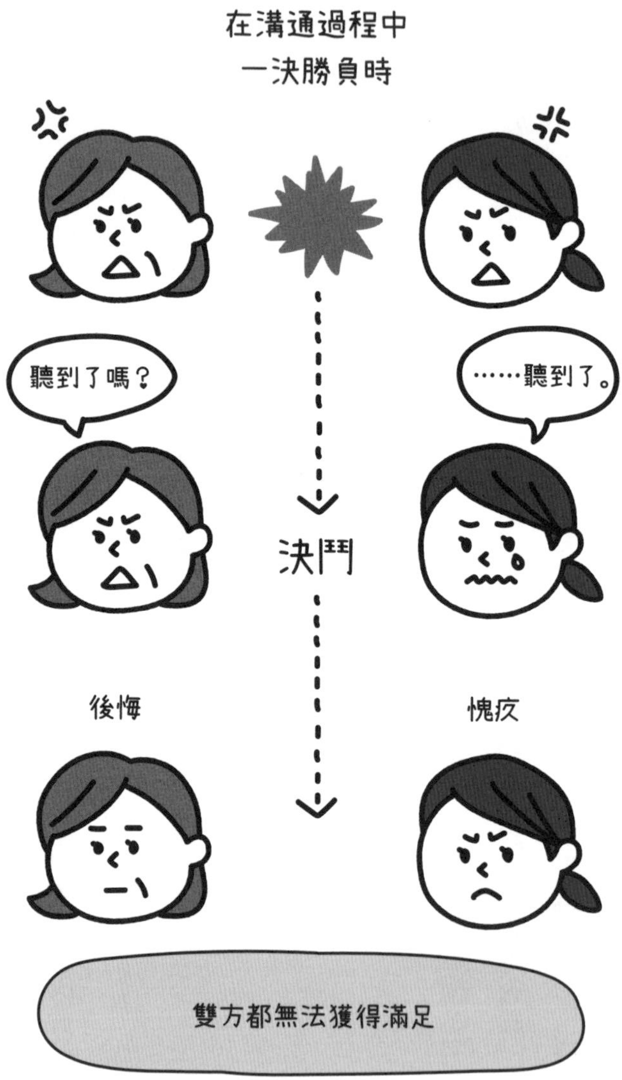
在溝通過程中
一決勝負時
聽到了嗎？
……聽到了。
決鬥
後悔
愧疚
雙方都無法獲得滿足

反而還覺得不高興。所以就用「我知道了，先放那邊吧」這種隨便的語氣回應，這對女兒來說其實是一種「反抗」。

這時的女兒雖然反抗，事後或許會因為沒聽母親的話，而浮現罪惡感。這是因為女兒沒有「尊重自己想法」的自由，但是另一方面，其實也是女兒自己並未由衷認同「自己的自由」，所以才會導致這種抗拒的態度。後面將針對這一點進一步詳述。

當然，對於期待女兒感謝的母親來說，看到女兒的反抗態度，會覺得女兒辜負了自己。

母親其實也感到受傷，所以才會用「每次」一詞報復。當然女兒會對「每次」一詞產生反應，也是因為母親藏在「每次」背後的報復傷害到女兒。

像這樣以他人為中心，逮住對方的話柄互相攻擊，就只能無止盡地爭論下去。在雙方都以他人為中心的情況下，兩人都沒辦法運用「讓雙方獲得滿足的方法」。

3 同樣是「為了他人」，以自我為中心者與以他人為中心者的不同

萬事都為了自己也無妨

處事時把自己的需求放一邊「以對方為主」，是日本自古以來的教誨。
日本有句諺語是「善心不是為了他人」。
意思是對他人施以善心，最終會化成善報回到自己身上，「自己也勢必會感受到善意」。因此從結果來看，為他人著想就等於是為自己著想。

但是站在提倡「以自我為中心」的立場，我認為這種「善意會回到自己身上」的說法，其實也是從「為了自己」的角度出發。

也就是說，**若能尊重自己，以「為了自己」視角去行事，就結果來看其實也是一種「為了他人」**。

但是人們心中的「為了他人」，恐怕都不盡相同。

舉例來說，「為了他人」可以分成「以他人為中心」與「以自己為中心」。以他人為中心行動，「為了他人」其實是「施恩圖報」，有很高的可能性會招致負面結果。

另一方面，以自我為中心行動，「為了他人」，因為出發點是為了自己，只是結果同時也兼顧了他人，所以無論是「為了自己」還是「為了他人」都會帶來正面結果，可以說這才是真正的「為了他人」。

以自我為中心之所以能招致正面結果，是因為**「不會犧牲自己」**。

此外這時的行動也以**「自己的情緒、情感與欲望」**為基準。

同樣是「為了他人」，
結果卻不同

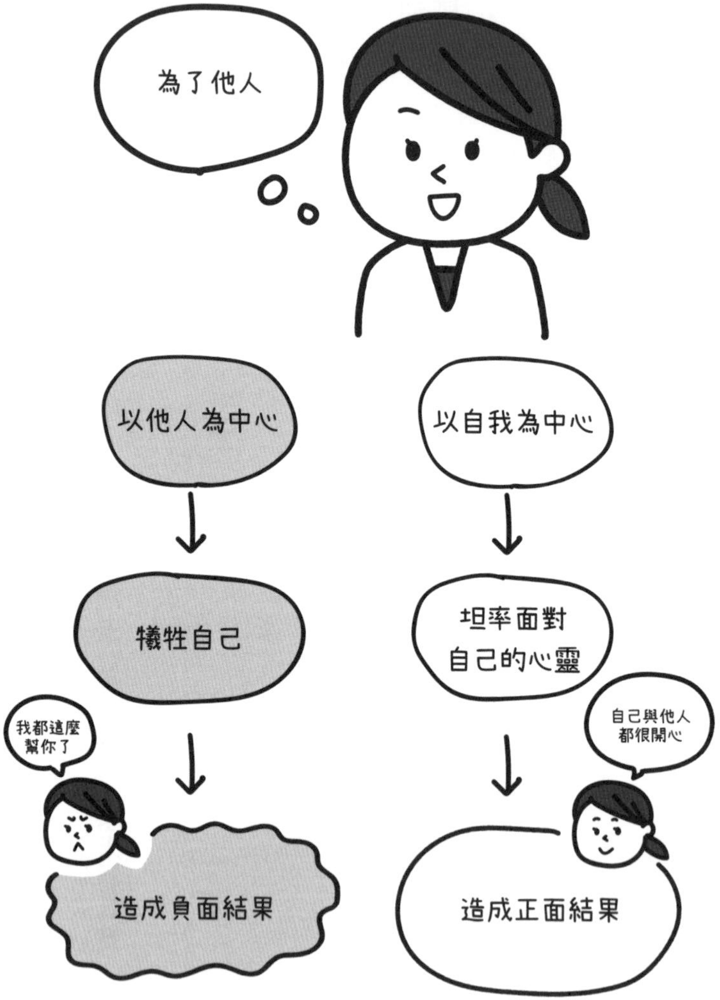

「施恩圖報」無法產生滿足感

談到「為了他人」時，往往會直接聯想成「為對方做」。母親基於自己成長至今的社會環境，從骨子裡習慣這類「為了他人」。因此大部分的母親滿心都是「為了他人、為了孩子、為了丈夫」，完全沒有「為了自己」這種想法。愈是傳統世代的母親，愈是如此。

但是這麼做對母親來說，仍有「檯面下的好處」。

那就是「為了他人而做某事」，能夠在他人心中博得優越地位，即「施恩圖報」。即使母親深信自己是因為愛對方才行動，潛意識裡其實還是將此當成「讓自己站在優越地位」的固定手段。

然而用這種手段取得的優越地位，沒辦法帶來真心的滿足。雖然這可以說是一種失策，但是當事人卻完全沒發現「這種做法不會讓自己滿足」。

如前所述，「以自我為中心」追求精神層面的獨立。如果獨立意願高，就算他人不認同自己，自己也能夠認同自己，將重點放在自己的行動上，並給予這樣的自己正面評價。

另一方面，「以他人為中心」則需要對象，自己一個人沒辦法成立競爭強弱、爭奪優越地位的「支配關係」。

藉由「施恩圖報」取得優越地位，要是對方沒有給予期待的反應就無法滿足，是種非常被動的態度。因為少了對象，就絕對沒辦法滿足。

因此像前面談到的範例，女兒沒有感謝母親，會讓母親愈來愈不滿。

然而女兒早就看穿了母親的目的，畢竟女兒從小就像這樣被母親「強塞」了許多恩情。就算覺得不開心，也必須感謝母親。雖然女兒的態度不恰當，但是其實也表現了自己的心情。

沒意識到女兒心情的母親，因為無法獲得女兒認同而滿心煩躁、焦躁與不安，結果又進一步地向女兒索取能夠讓自己滿足的反應。

母親愈是困在這種「都是為了女兒」的心情裡，就愈渴望獲得他人的讚美，也愈看不見自己真正的「欲望、想法與心情」。因此又更加遠離「打從心底的滿足」了。

「幫女兒做」的同時又「依賴著女兒」的母親

帶著以他人為中心的心態，用「施恩圖報」的想法去行動，會有個致命性的弱點，那就是屬於關係成癮的**「依賴」**。

母親自顧自地「幫女兒做（施恩）」的時候，根本沒有確認過女兒的想法。母親深信自己做的事情，就是在幫助女兒。

例如，母親幫女兒完成學校作業，結果取得了一百分——這就是母親單方面「施恩」的行為。

雖然女兒堅稱「要自己做」，母親卻如此反駁：

「妳每次都說要自己做，卻根本沒有做，該交作業的時候拖拖拉拉，結果都還是要叫我幫忙！」

因為對母親來說，要是讓女兒取回自主權，可以說是賠了夫人又折兵。要是女兒獨立、離開自己，就不能用這種爭取優越地位的方法依賴女兒了。為了避免如此事態發生，母親必須讓女兒依賴自己。

當然，對女兒來說就算作業拿了一百分，也不是靠自己的力量得到的，而是母親擅自搶走自己的作業完成的。這種滿分就好像在否定自己能力一樣。

就像這樣，女兒每次想做什麼的時候，母親都會立刻搶先蒐集資訊，並代替女兒處理好。

女兒早上說想買什麼東西，那樣東西晚上就會出現在家裡。從結果來看，女兒什麼都不用說，母親就會依自己的判斷，整頓出母親認為舒適的條件與空間。

但是這對女兒來說，單純只是接下母親拿出來的事物罷了。就算是自己想要的，也會覺得不屬於自己而感到不安。

關係成癮的母親不斷依賴自己，讓自己感到痛苦的時候，女兒一開始或許會拚命抵抗、反彈，但是抗拒到疲憊的時候，就會連自己的主張一起放棄。

女兒面對自己的事情時，卻做出「與自己無關」的表現，其實就是母親這種執拗的依賴所致。

自己的想法、欲望與動力都像這樣被母親奪走，會引發「自己什麼都辦不到」的無力感，最後連女兒自己都出現依賴母親的心態，覺得「沒有媽媽我什麼都辦不到」。

以這種狀態出社會，就會因為滿心都是「自己很弱」的想法，覺得「在這個社會做任何事情都很恐怖」。

當然女兒在社會上的行事作風，也會採取與母親相同的言行模式，對他人的言論過度反應，選擇負面的言行與溝通方式。

這些負面言行，或許只造成不值得一提的日常小事，但若這些事日復一日、年復一年地發生，同樣會讓人感到挫折，甚至認定社會是很嚴峻的，進而感到生存困難。不只如此，女兒還可能基於過往經驗，下意識地主動投身嚴峻環境。

4 放棄獲得回報

滿足「想做」的欲望

「為了他人」與「為了自己」是相同的。

就算有「為了他人」的想法，但是實際執行的時候，會對執行的內容感到滿足喜悅，這時就不需要獲得回報。

因為做這件事情的前提，就是「（我）想做」這個欲望。

行動，是為了滿足「想做」這個欲望。雖然是「為了他人」而做，但是動機是為了滿足自己「想做」這個欲望，同時這個行為本身也能夠讓自己感到滿足，所以就不需要對方的回報。甚至連要求對方回報的想法都沒有。

這種純粹的心態能夠讓對方真心喜悅，也會不由自主想道謝。

另一方面，以「施恩圖報」的心態為他人做事，要是對方不肯付出相應的代價就會覺得不滿。這種「為了他人」的背後，就藏有「希望對方受到自己支配」「希望對方感謝自己」等以他人為中心的心態。

有時，即使女兒沒有任何表示，母親仍會想著「女兒肯定想要」，將自己購買的物品強塞給女兒。這樣的做法就源自於「希望女兒受到自己支配」，或是藉此「讓女兒依賴自己」的欲望。

女兒面露不服氣，母親的欲望就無法獲得滿足，因此會以嫌棄的語氣表示：

「我都幫妳買了，妳竟然不知感恩！」

甚至還會要求超出感謝的回報。

「我買了這個給妳，妳要買什麼給我？」

要求回報是無法獲得滿足的

從「以自我為中心」的視角來看，會認為自己主動做出的所有事情，都是「為了自己」。

如前所述，動機是自己由衷「想做」的言行，會讓執行者本身感到滿足。另一方面，動機是「希望對方遵從自己想法」這種以他人為中心型的欲求，就會要求對方的回報。

即使理由同樣都是「為了對方」，但是以自我為中心者是自己想做，以他人中心者是施恩圖報，兩者有目的上的差異。

女兒對母親表現出抗拒、反抗的態度，也是因為知道母親的目的。

舉例來說，母親如此詢問女兒：

「我現在要出門，妳之前說想要××，我順便幫妳買回來吧？」

如此一來，女兒就能夠回答道：

「啊，妳說那個啊。這樣可是幫了我大忙，那可以請妳幫我買嗎？」

如果女兒不需要，也能明確拒絕母親的提議：

「謝謝妳，但是我想自己選，所以我明天自己會去買。」

像這樣拒絕，母親應該就不會受傷到會語帶惡意的程度了。

如果母親帶有「幫女兒做」的心態，像這樣被女兒拒絕肯定會難過吧？這是因為母親心裡沒有「女兒會拒絕」這個可能性。畢竟母親在買之前根本就沒有仔細確認女兒的需求，只是單方面買下想跟女兒討恩情而已。

「我又沒有拜託妳！」

「妳那是什麼說法？虧我還特地幫妳買！」

如此一來，兩人又會像這樣進一步互相傷害了。

5 彼此都能夠認同的溝通方式

拒絕一點也不可怕

不管是什麼場合都必須徵求對方的同意，才算是「認同彼此的自由」。但是母親無視這個要件，而成為母女爭執的導火線。

儘管如此，同樣陷入關係成癮的女兒卻不敢拒絕。

從旁觀者的角度來看，或許會認為：

「妳們都吵得這麼激烈了，竟然說不敢拒絕？」

但是其實女兒平常就自認為傷害母親，而抱持著強烈的罪惡感，自責著：

「我為什麼不能坦率接受母親的溫柔呢？」

雖然實際上不需要承擔這種罪惡感，但是已經關係成癮的女兒，卻無法意識到這個事實。

或者是說，女兒或許認為「果斷拒絕」會成為造成「母女分離的決定性要素」。與母親分離象徵著必須自己「獨立」，但是已經對自己的行動缺乏信心的女兒來說，「獨立」一詞會引發恐懼，甚至到了絕對不能說出口的地步。

因此母女吵得愈激烈，其實就愈害怕拒絕。從某個角度來看，對母女而言最恐怖的就是「拒絕」。她們基於這份「恐懼」爭執的同時，內心深處在拚命地說著：

「拜託妳『理解』我說的話，我不想傷害妳！」

「我不想拒絕，我害怕拒絕會傷害母親，我害怕被母親拋棄。所以請理解我的心情，不要強迫我去做不想做的事情。」

女兒的內心正如此悲痛吶喊著。

母親同樣也在心底喊著：

「我是為了妳才這麼做的，妳就沉默接受吧！『妳不聽話』才是關鍵吧？我很怕妳不再聽話，我害怕被妳拋棄，所以體諒我的心情，當個乖孩子就好！」

雙方都帶著相同的心態在爭吵。

處於這種互相糾結爭鬥的關係，其實雙方都沒辦法「拋棄對方」。

聽起來或許很詭異，她們是藉由爭吵強迫對方妥協，進而獲得「不會被拋棄」的安全感。

體察母親對自己的愛、
為自己著想的心情
我幫妳買回來了喲
謝謝妳幫我，不過我還有很多，所以下次我需要時會主動跟妳說的。
道謝的同時
表明想法
我知道了
母親也比較容易接受

試著感受父母的「愛」

不藉由爭吵緊緊抓住對方，就會有「被拋棄」的恐懼感湧上，是因為母女都是在爭吵的同時，強行地想脫離對方的關係。

這就像溺水時緊緊抓住對方的手臂，要是手指被一根根地扳開，會因為害怕而更加努力地抓住對方——這時的母女雙方都是如此。

當然，爭吵時產生的恐懼都是她們的想像。

以剛才的例子來說，母親自顧自地把東西買回來，女兒不妨試試看這樣的拒絕方法吧？

「咦？妳幫我買回來了啊？謝謝妳，幫了我大忙。」

像這樣體察母親的心情，好好道謝。

就算母親有支配欲或關係成癮，也不代表這些行為裡不具「母愛」，所以請體察這份心意，再像這樣以明確的態度告訴母親：

「我很感謝妳這麼為我著想，但是我也得慢慢學著獨立了，所以今後我自己的事情想要自己處理，不用擔心我。如果我有需要幫忙，會主動告訴妳的。」

像這樣先滿足自己的需求，想必也會對自己感到驕傲吧。

同時母親看到女兒接受自己的「好意」，也會覺得滿足。此外對母親來說，女兒的感謝能夠讓心軟化，當然也比較容易接納女兒的想法。

這就是互相認同的溝通方式。

第7章

表現自我的練習

1 勇敢表達自己的想法

「我的自由」是「對方的自由」

簡單來說，「以自我為中心」這種生存方式，就是盡可能地「依照自己心意生活」。

與這種心態處於天平兩端的就是**「忍耐」**。

這裡說的忍耐，不是為了自己忍耐，是為了他人「忍耐」。

舉例來說，自己有「想做」這個欲望，每天都會努力磨練自己的能力，以實現想做的事情。這是為了自己磨練能力，而不是為了別人。為了持之以恆練習，忍耐出去玩的欲望，這稱不上是「忍耐」。

自己其實不想做，但是卻壓抑著自己的情緒、情感或欲望，為了他人犧牲，才是這邊說的「忍耐」。

前者就算以「忍耐」形容自己強撐著每天練習，但是卻沉浸於自己想做的事情當中，從這個角度來看可以發現，這樣的忍耐包括了「滿足」。

後者則是邊注意周遭觀感，為了符合社會觀感與體面而忍耐著，或是基於利害關係沉默遵從著他人，這樣的生存方式無法帶來喜悅、滿足感或幸福感。

當事人忍耐時充滿了不平或不滿的負面情緒，認為「只有自己吃虧」，這樣的忍耐不可能會有喜悅、滿足感或幸福感。

看到這裡肯定會有人想要反駁：

「只顧著滿足自己的欲望會引起爭執，人生難免會有不得不默默遵從的時候，不是嗎？」

遺憾的是，如此主張的人，大概**沒有體驗過「依照自己心意生活」**。

當然，雖然說要「依照自己心意生活」，但這不是要你自私自利、不顧他人，而是認同「自己的自由」同時，也必須認同並尊重「他人的自由」。這部分甚至屬於做人的基本原則，並非專屬於「以自我為中心」。

大部分的人至今仍只是「在腦袋裡理解」這個原則而已，實際生活中根本不尊重他人的自由，甚至踐踏對方的心靈，總是強調自己的主張，要求對方按照自己的想法行動。

這種不尊重「對方的自由」、「對方的選擇」，就稱為一種「支配性」，不僅存在於母女關係中，也會在社會上侵犯他人的生活權，擴大自己與他人的價值觀差距，進而發展成問題。

為什麼不想回老家

某位女性的老家是務農的。

她搬出老家在附近租了間公寓獨居，但是農忙時期，家裡人手不足，她仍會撥時間回家幫忙。她休假時其實想要好好休息，但是母親卻不斷打電話來抱怨，讓她產生沒有在家幫忙的罪惡感。

但是每次回家，也只是在提醒自己「搬出老家的理由」而已。

她有時會在週末回家幫忙，然後就在準備午餐時，一如往常地聽見母親怒言：

「妳總是只幫妳爸，完全不來幫我煮飯！」

忍耐不會帶來滿足或喜悅

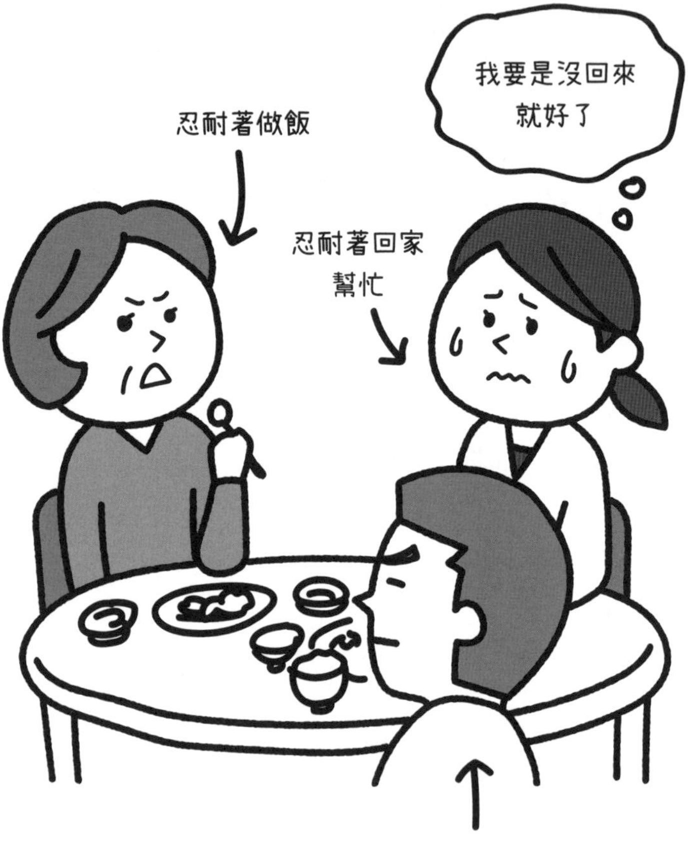
忍耐著做飯
我要是沒回來
就好了
忍耐著回家
幫忙
忍耐著一起吃飯

全家人都在忍耐

母親認為這頓飯也包括女兒的份，她當然應該要自動自發地過來幫忙。

「妳一個人輕輕鬆鬆住在外面，完全不曉得準備三餐有多麼辛苦！我們找個時間交換一下，妳回來照顧妳爸一個月！反正妳都站在妳爸那邊，這點小事應該辦得到吧！」

女兒覺得母親又在遷怒了，只想把耳朵塞起來，卻忍不住大聲回道：「妳一直唸讓人吃不下飯，不要再唸了！」

但是就算用餐前發生這樣的爭執，用餐時父母卻好像什麼事情也沒發生過一樣，默默地開始吃飯。同樣沉默動筷的女兒，對如此奇特的光景驚懼不已：

「原來我住在家裡時，每天都是這樣啊……」

「只顧自己」的愛，令對方痛苦

這就是「忍耐的真面目」。

這個家裡不只母親在忍耐，父親與女兒也同樣在忍耐。每個人都優先看重「必須為對方這麼做」的義務，將「自己不想做」這個欲望放在後面。

處於這種狀態下，家人根本不是因為「想一起用餐」而一起用餐，單純是強迫般的念頭，覺得自己「必須與家人一起用餐」。

這種「為了對方好」的義務感，正是造成不滿的元凶。

當然，家庭生活與社會生活中，互相幫忙與互助合作都是不可或缺的，但是為此強行壓抑自己不想做的情緒、不斷忍耐，只會讓不滿累積。

然而愈是因此滿懷委屈與不滿，愈是不知道如何排除這樣的負面情緒。因為他們習慣的相處模式，就是奪走對方的自由，要求對方遵從自己。但當雙方都想「要求對方遵從自己」，根本不可能相處融洽。

從最根本的角度來看，每個人都有「協助他人、成為助力」的欲望。母女問題中不管是母親還是女兒，都不是沒有「愛」的成分在。但是雙方愛人的方法都是「只顧自己」，沒辦法尊重對方，所以才會釀成衝突。

以他人為中心，行動時滿心都是對方，所以會強迫對方接受自己的做法：

「我這麼做肯定能夠幫助對方。」

或者是擅自揣測對方的想法，甚至焦慮著：

「該怎麼做才能令對方感到滿足呢？」

結果對方往往還是無法感受到自己的心意。

就算是想要幫助對方，以對方為基準時卻往往會招致迷惘：

「我該怎麼做才好呢？」

2

捫心自問是「想做」還是「想施恩圖報」

「想做」的基準是「在自己不會覺得有負擔的範圍內」

那麼，想幫助對方，該以什麼為基準去行動最恰當呢？

如果缺少適當的基準，就會一直為了對方忍耐或自我犧牲，或是為對方盡心盡力卻得不到回報而受傷、感到不平或不滿等，如此一來，只會愈來愈覺得自己是受害者，認為「總是只有自己吃虧」。

舉例來說，想幫助對方、獻上一臂之力，如果有「都是為了你才做」的心情，就代表自己從一開始就在「忍耐」。

覺得自己是在忍耐的時候，不管為對方做了什麼事情都會感到不滿，還會透過表情、態度或話語等，表現出向對方索求感謝或回報的心情。

若是不滿一直累積在心中，後面只要和「自己幫助過的」對方之間發生任何問題，這個問題就會成為導火線，忍不住一口氣吐露不滿：「我曾為你做過那麼多事」、「我為你付出那麼多，你卻不知回報」。

如果是以自我為中心者，就會從**「自己不會覺得有負擔的範圍內」**，找出最適當的協助方式。這是我從這幾十年來心理諮商的經驗結果，所導出的答案。而且控制在適度範圍內，其實也是種為對方著想的行為。

因此每當出現「都是為了你才做」的心情，就重新審視自己的心靈吧。

如果是自己打從心底「想做」，會如何呢？

「想做」與「都是為了你才做」
所造成的結果不同

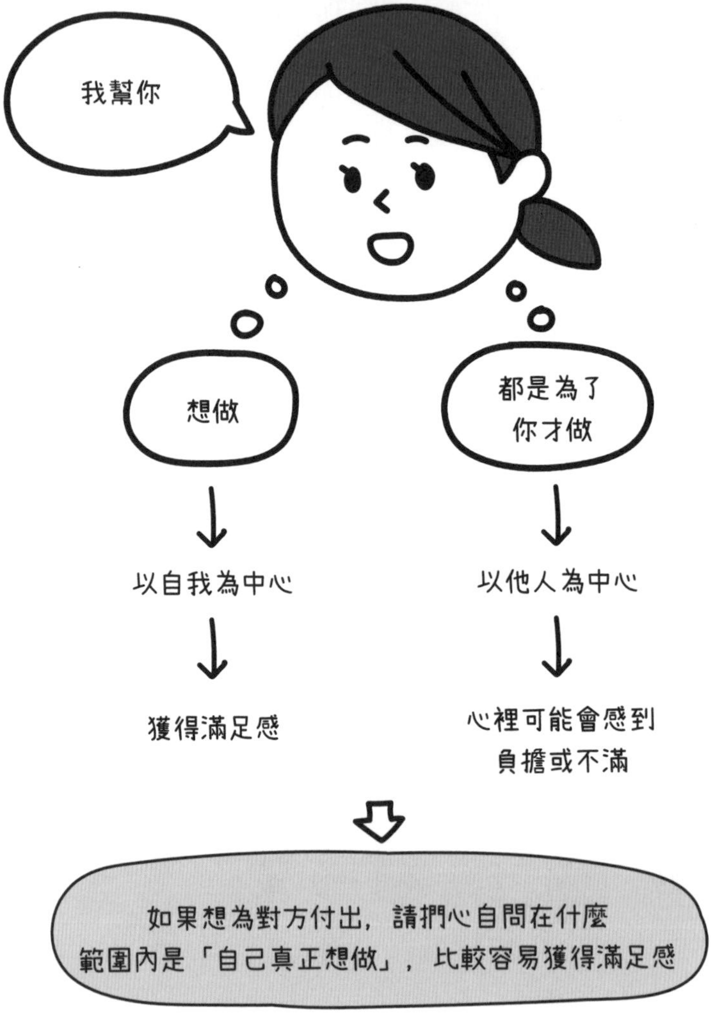

如果覺得是自己「想做」，就不是為了對方，而是為了自己，當然就能夠獲得滿足感。

「都是為了你才做」，也有不少相反的情況：「都是為了你我才沒有……」。

或者是說，每當感受到是在「為對方付出」時，就要試著檢視自己的心情：「那麼裡面有多少我自己『想做』的成分呢？」

舉例來說，為某人做了A與B之後，心裡卻覺得有負擔或是感到不滿。

但是如果只做A，就能夠維持在「想做」的狀態，獲得滿足感。

請注意這部分的差異吧。

如果沒有注意到，就會產生不滿。

也就是說，會傷害到自己。

憑自己的想法行動，就能夠自我肯定

從結果來看，許多母親做事情時都是這樣：

- **雖然你沒有說想要，但是我還是買給你。**
- **既然我都買給你了，你就得致謝。**
- **因為是我買給你的，所以你必須開心地使用。**
- **因為是我買給你的，所以你必須按照我的想法使用。**
- **我已經買東西給你了，你要回報我什麼？**

她們不斷地提出單方面的要求，只會讓女兒感到痛苦而已。

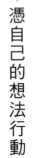

女兒只是在母親的強迫下，吞下母親單方面的要求，心情與需求絲毫不受到尊重。

如此一來，女兒只能抹滅自己的意志而已。

針對「意志」這一點，我想特別強調一下，**必須以「自己的心情、情感、需求」為基礎，才能夠萌生所謂的「意志」**。

用「不得不～」、「必須～」的思維強迫自己，想辦法讓自己符合周遭或社會規範，無法產生所謂的「意志」。唯有滿足自己的諸多想法或需求，才能夠肯定自我，為了滿足自己諸多想法與需求所做出的「行動」，則有助於提升自我信任。

相反的，父母一直單方面地強迫孩子，孩子就會慢慢地放棄滿足自己的想法，甚至連擁有欲望的權利都一併放棄，最後自我否定，認為自己就是半不到。

母女間的諸多問題中，其實就藏著女兒「不想這麼做」的悲痛吶喊。

3

自我肯定才能真正保護自己

為什麼日本年輕人的自我肯定感這麼低

「日本國立青少年教育振興機構」青少年教育研究中心，於二〇一八年三月發表了《高中生身心健康相關意識調查——日美中韓比較——》的調查結果，而這場研究的調查對象是日本、美國、中國、韓國共計八八四〇位高中生。

調查中發現日本高中生的自我肯定感比他國低上許多，比例只有44．9％。

其中「對自己滿意」、「自己可以跨越難關」這兩個問題的回答中，更是所有國家中最低的。

這樣的結果並不意外，但是實際看到這樣的結果，覺得日本社會前途黯淡的應該不只我一個人吧？

以前有部電影的劇情是「感情是種罪惡，有感情的人都會遭逮捕並受到懲處」。如果放任這樣的狀況不管，這種科幻電影中的世界，遲早會成為現實吧。這部電影裡的社會，否定每一個「個體」屬於「個體自己」這個事實。

當「必須～」的想法根深蒂固存在於自己的「思維」中，就會將辦不到的事情視為「失敗」。

或者是因為無法實現「必須做」的事情，而覺得自己缺乏能力。

這樣的想法愈是高漲，就愈害怕失敗，最後認為：「沉默服從上位者的指令比較安全。」

當然，這裡的「安全」其實不是真正的「安全」，只是因為覺得「反抗很可怕」而已。

這樣的思維不斷蔓延，社會會變得如何呢？

一路順從至今，從來沒有實際反抗過的時候，會覺得反抗很可怕。或者是說，曾因「反抗」被罵或是引發問題、糾紛，「反抗很可怕」的想法就會更加嚴重。

原本「反抗」與「自由」是兩碼子事，但是恐怕大多數的人，都誤以為「自由」等於反抗。

「自由」其實不用與他人爭鬥。

「反抗」才是與他人爭鬥。

如果不知道這樣的差異，會覺得自由就等於爭鬥，對其抱持恐懼感。確實按照慣例去遵從對方，或許能夠保有最低限度的安全。但是這種主從關係中，並不存在喜悅、滿足或幸福感。

自己實際感受到的正面能量，都與自我肯定感同質。

因為正面能量必須以「自己的心情、情緒與需求」為基礎才能夠產生。必須有這樣的基礎，才會產生自我意志，產生喜悅、滿足與幸福感。這就是自我肯定感。

不是反抗，而是拒絕

唯有「自己的心情、情感與需求」，以及實現如此基礎的「意志」，才能讓內心產生自我肯定感。

因此現代發生的親子問題，可以說是社會缺乏自我信賴感衍生出的現象之一。

捨棄自己的感受力，會變得如同機器一樣。

儘管如此，很多人還是害怕自由。

就像養在鳥籠中的小鳥般，即使能夠振翅飛出，要是不曉得捕食的方法就活不下來，最後只能回到籠中。

想要展翅飛向天空，就必須學會「捕食的方法」。

因此想要爭取自由時並不需要「反抗」父母，而是必須學會如何尊重自己的心情、情感、需求與意志。

其中最重要的就是「拒絕的方法」。

以自我為中心的一大原則，就是行事以「自己的心情、情感與需求」為基準。

從**「保護自己」**的角度來看亦是如此。

「不想踏入會傷害自己心靈的地方，絕對不願意傷害自己。」

以自我為中心去拒絕，其實就是基於這樣的想法。

想要保護自己的心，必須懂得「拒絕」。

4 將自己的心情化為言語，同時堅定意志

變得能夠讓自己滿足

前面回父母家的例子，其實到處都是拒絕的機會。

這個例子中的母親要求女兒「幫忙煮飯」，假設女兒以自己的心情為基準，認為「每次用餐時起爭執的機率都很高」，就可以為了避開不愉快的場面而如此拒絕：

「我會自己準備便當，妳不用煮我的。」

如果要在這句話中添加自己的心情，就可以如此表示：

「每次吃飯的時候都要吵架，我覺得很痛苦，所以我要自己準備便當，不用煮我的。」

女兒可以像這樣提前宣告並自己準備午餐時的便當，同時也在晚餐前回家，不留在家中吃晚餐。

此外既然每次都會吵架，所以女兒應該能夠提前察覺戰火將起的徵兆，甚至從一開始就可以預測到這個情況。因此覺得情況不對，也可以這麼說：

「我沒辦法在這麼差的氣氛下幫忙工作，我自己也火大得想要吵架，但是我已經差不多厭倦了。所以我今天要回去了，明天再來幫忙。」

這種**「將自己的心情化為言語＋意志」**的表達方式，在「自我中心心理學」中已經是種既定公式。

將自己的心情化為言語，能夠帶來自我滿足。此外明確表達出「我決定這麼做」的意志，也能夠提高自我滿足程度。

為此，就算**對方無法接受自己的主張，也能夠拯救自己的心靈，提高滿足程度**。

這就是自我中心心理學中的**「自我表達」**。

優先看重自己的心，將情緒坦然說出，無論母親聽聞會有什麼反應，就算自己內心多少浮現出罪惡感，這是為了拯救自己的心的防衛手段：

「每次回家幫忙的時候，母親都會說得很難聽，我們還會吵架讓心靈承受不住，所以我決定這次不回家幫忙了。」

或是像這樣提前宣告自己的想法：

「我已經受不了像上次那種爭執了，總覺得這次回家也會吵架，所以抱歉，我決定不回家了，沒問題吧？」

這樣的判斷與行為，就是自己對自己的尊重，能夠提高滿足程度與自我肯定感。

學會「自我表達」

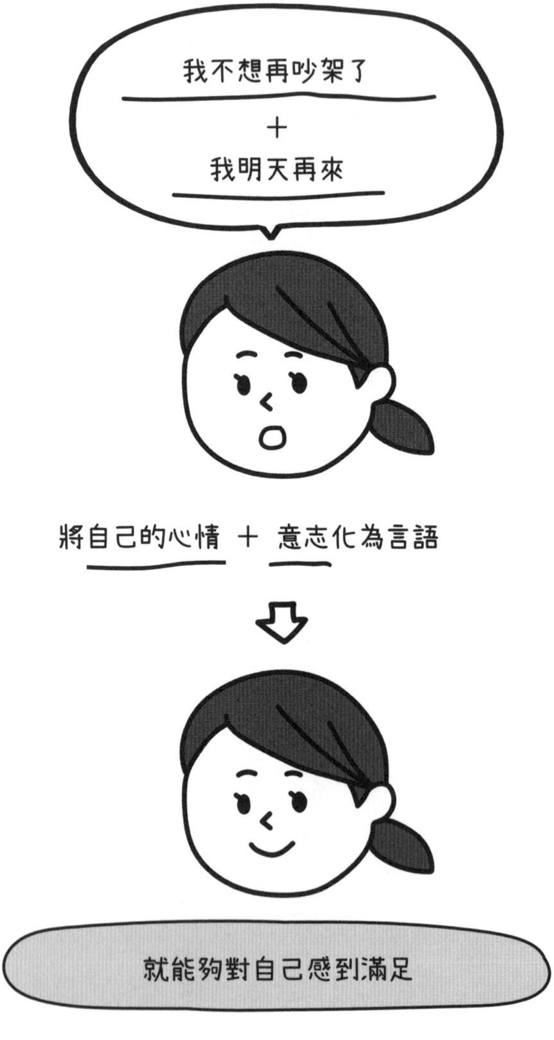
我不想再吵架了
＋
我明天再來
將自己的心情 ＋ 意志化為言語
就能夠對自己感到滿足

「這種表達方式會使爭執更嚴重。」
有些人會有此誤會。
但是這種對爭執的恐懼，反而會實現「恐懼的事情」，卻是不爭的事實。

因為表達方式不適當而造成爭執

很多人都認為表達自己的主張，就會「演變成爭執」。
但是事實絕對不是如此。
爭執其實源自於表達方式不適當。
大部分的人在主張自己的想法時，都會採取攻擊性的態度。
如果能夠察覺自己的心情，當然也可以察覺到自己是**「以什麼樣的心情」**說出這些話語的。

假設自己是以負面情緒說出口，就等於是在攻擊對方。就算自己沒這個想法，對方仍會覺得「遭受攻擊」。

如果自己的語氣帶有攻擊性，對方當然也會感到害怕，並為了保護自己同樣採取攻擊性言論，結果自然造成爭執。

當中也有人從一開始就篤定對方在「攻擊自己」。尤其母女關係中，母親不管面對什麼事情，都採用單方面的強制性表達方式，女兒就會習慣解讀成母親在「攻擊自己」。

但是如果能夠使用適當的表達方式，就不容易引起爭執。

那就是由「自己的心情」與「自己的意志」組成的表達方式。

「自我表達」最能夠在對方的心裡造成迴響，因此對方也比較容易接受。

5 「自我表達」可培養自我肯定感

如何打造一個自己覺得舒適的環境

我們隨時隨地都可以提高自我肯定感。

以自己為優先，藉此取得自信、自尊與自我信賴感，自我肯定感便能夠繼續成長茁壯。

這時最重要的**就是從以自我為中心的視角出發，想著「該怎麼做才能夠將**

環境打造成自己覺得舒適的狀態」，以自己為基準去判斷並行動。當然和他人的溝通方式也很重要，不過這部分在自我中心心理學中，同樣列在「自我表達」的部分，在溝通時將重點放在**為自己的「表達方式」而非結果**。這種「**能動性」與自己的自信、自尊息息相關**。

這樣的作法能夠在許多場面派上用場，不如該說，我們必須透過不同事件的累積，才能夠提高自我肯定感。這邊舉個例子。

A小姐在心靈能夠脫離母親獨立之前，先在自己與母親之間設下「物理性的距離」，所以搬到老家附近的公寓獨居，以求獨立自主。

「一想到今後任何事情都得靠自己了，妳肯定會覺得害怕吧？不過換個角度想想，就當作只是在其他地方又增設了一個自己的房間，以這種輕鬆的心情去租房子吧？反正要在自家與公寓間往來很輕鬆，真的不喜歡，再回家就好了。或許妳會覺得這樣很浪費錢，不過從辦得到的地方開始『嘗試』，不是意義非凡嗎？」

她表示正是我的如此建議讓她心動的。

在她搬家後的某天，新的「嘗試」機會登場了。

搬家之後不久的假日，她在房間裡放鬆時，走廊突然傳來巨響。

不知道發生什麼事情的她，嚇得打開房門，看見有位穿著工程服的年輕人，正用機械拆下走廊的磁磚，但是她事前完全沒有收到施工通知。

如果是母親，肯定會馬上喊著：

「你在做什麼啊！很吵耶！竟然挑在別人休息的時候施工，真受不了！」

如此一來就會與對方吵起來。

但是這時的她，努力將重點擺在「打造讓自己感到舒適的環境」而非「對方的言行」。或許是努力有的成效，她成功轉換成「先掌握情況」的心情，以連自己都感到意外的坦率態度詢問年輕人：

「請問這邊要做什麼工程呢？」

年輕人回答道：

「我接下來要把這個走廊的磁磚全部拆下來。」

A小姐表示：

「但是我事前都沒有收到通知，今天是打算安安靜靜待在房間休息的，這樣突如其來的施工嚇了我一跳。」

她將重點放在**自己的情況與心情**後如此表示。

結果年輕人便有點畏縮地道：

「很抱歉，老闆也是今天才交代我的。」

於使她請年輕人轉告老闆「沒有事前通知」與「希望告知具體的工程預計日程」，回到房間。當她回顧這次的事件後，忍不住佩服起自己：

「我大大方方地表達出自己的想法了。」

她因此感受到從未有過的自豪。

沒多久，工程聲響在她沒注意的時候停止了。

應該是年輕人回公司，把她的話語轉告給老闆了吧？隔天老闆就親自帶著具體日程表上門道歉。

從自我為中心出發

我想針對「以自我為中心」特別強調的，是**教育自己的同時也在「教育對方」**。

她所採取的言行在這個小小的場面中，或許也具有「教育年輕人」的功能。自己在社會生活中採取的言行，代表著自己的家庭環境與親子關係。

接下來探討年輕人，光憑年輕人面對這種情況時的一句話，就足以推測其心理狀態。

首先，他採取了「把錯推給別人」的表達方式。

這種表達方式很容易在人際溝通上出問題。

可以說是因為他害怕「承擔責任」才會如此。

此外也可推測他與老闆之間有強烈的上下關係，所以「無法反抗對方，只能沉默遵從」。

對年輕人來說，只要維持這樣的關係，就不用承擔責任。

此外這樣的個性也使他在找工作時，容易選擇會造成強烈上下關係的公司。

年輕人這樣的想法與言行，本源自於自家的親子關係。

女性的言行對年輕人來說是很好的機會，可以獲得與他人採取良好溝通方式的經驗。

因為A小姐沒有怒吼，所以他擁有了「不被怒吼」的經驗。

這才發現原來有不需要互罵的的表達方式。

如果只會使用「以他人為中心的表達方式」，容易將對話導向負面狀態，對於這樣的年輕人來說，這是很珍貴的經驗。

A小姐的「具體示範」，對年輕人來說是很好的機會，能夠學到「承擔責

任的具體方法」。

雖然年輕人無法馬上就有所改變，但是前所未有的體驗，能夠在他心底留下鮮明的印象。光是新的體驗就足以拓寬他的視野，為想法帶來變革。

說不定這個經驗讓他學著對父母或老闆說出自己的意見。因為A小姐就當著他的面，實際示範表達自我意見的方法，進而化為「他本身的真實經驗」。

當然這對很容易與母親起口角的A小姐來說，同樣是新鮮且正面的體驗。只要她透過母親以外的人，持續累積如此正面經驗，就能夠慢慢地學會用「以自我為中心的應對方式」應付母親。和母親間的關係，或許也會因此好轉。

像這樣透過「以自我為中心」學會重視自己，也是一種重視對方的表現。此外逐漸學會重視自己的過程，自己對他人來說也會是很好的範例，幫助他人了解「珍惜自己的具體方法」。

國家圖書館出版品預行編目(CIP)資料

拒絕當「乖孩子」的勇氣：克服罪惡感，擺脫父母的干涉、束縛與攻擊 / 石原加受子著；黃筱涵譯. -- 初版. -- 新北市：世茂, 2019.09
面；　公分. --（銷售顧問金典；105）
ISBN 978-957-8799-88-2（平裝）

1.親職教育　2.親子關係　3.自我肯定

528.2　　108011075

銷售顧問金典 105

拒絕當「乖孩子」的勇氣：克服罪惡感，擺脫父母的干涉、束縛與攻擊

作　　者／石原加受子
譯　　者／黃筱涵
主　　編／陳文君
責任編輯／李芸
封面設計／林芷伊
出 版 者／世茂出版有限公司
地　　址／（231）新北市新店區民生路 19 號 5 樓
電　　話／（02）2218-3277
傳　　真／（02）2218-3239（訂書專線）．（02）2218-7539
劃撥帳號／ 19911841
戶　　名／世茂出版有限公司
世茂網站／ www.coolbooks.com.tw
排版製版／辰皓國際出版製作有限公司
印　　刷／世和彩色印刷股份有限公司
初版一刷／ 2019 年 9 月

I S B N ／ 978-957-8799-88-2
定　　價／ 320 元